일본 취업 자기소개서 쓰기

자기소개서 쓰기

초판인쇄 2019년 11월 4일

지 은 이 가쓰라가와 토모코(桂川智子), 김태희
펴 낸 이 임승빈
편집책임 정유항, 최지인
편집진행 이승연
디 자 인 다원기획
마 케 팅 염경용, 이동민, 임원영

펴 낸 곳 ECK북스
주 소 서울시 구로구 디지털로 32가길 16, 401 [08393]
대표전화 02-733-9950
팩 스 02-723-7876
홈페이지 www.eckbook.com
이 메 일 eck@eckedu.com
등록번호 제 25100 - 2005 - 000042호
등록일자 2000. 2. 15

I S B N 978-89-92281-88-1
정 가 16,000원

이 도서의 국립중앙도서관 출판예정도서목록(CIP)은 서지정보유통지원시스템 홈페이지(http://seoji.nl.go.kr)와 국가자료공동목록시스템(http://www.nl.go.kr/kolisnet)에서 이용하실 수 있습니다. (CIP제어번호 : CIP2019040403)

일본 취업 자기소개서 쓰기

■ 가쓰라가와 토모코(桂川智子), 김태희 지음

지은이의 말

本書は、筆者がビジネス日本語の授業で用いてきた資料とノウハウを一冊にまとめた教材です。この教材の学習方式で学んだ多くの学習者が日本の企業へ就職していきました。今回、日本への就職を希望する、より多くの就活生に内定の喜びを感じてもらいたいという願いから、本書が刊行されることになりました。

エントリーシートの文章に難解な日本語は必要ありません。日本語の初級文法を学び、日本語能力試験（JLPT）N３くらいの実力があれば作成できます。重要なのは、企業が求める人材の能力や特性を知り、それをしっかり伝えることです。本書のPart1で、社会で求められる 社会人基礎力について学び、それに基づいた自己分析と自己PRができるようになっています。Part4のエントリーシート作成では、相手に伝わりやすい文章構成が最初からできているので、その構成に合わせて自身の経験や考えを入れるだけで、簡単に伝わりやすい文章が作れるように作成されています。

また、本書で使われている例文はすべて、日本人就活生が内定を勝ち取ったエントリーシートの文章を参考にして作られており、エントリーシート作成時に間違えやすい表現や単語、重要構文を多様な例文と共に収録しました。

ご自身の明るい未来のために諦めず挑戦し、夢を叶えていかれることを応援しています。

桂川智子、김태희

『일본 취업 자기소개서 쓰기』는 필자들이 대학교에서 비즈니스 일본어 수업으로 다년간 쌓아온 자료와 노하우를 한 권으로 정리한 교재입니다. 이 교재의 학습 방식으로 많은 학습자가 일본 기업의 취업에 성공했으며, 일본으로 취업을 희망하는 더 많은 취업 준비생들에게 합격의 기쁨이 함께하기를 바라는 마음으로『일본 취업 자기소개서 쓰기』를 출간하게 되었습니다.

엔트리시트의 문장 작성에 있어서 난해한 일본어는 필요하지 않습니다. 일본어의 초급 문법을 배우고, 일본어능력시험(JLPT) N3 정도의 실력이 있다면 충분히 작성할 수 있습니다. 중요한 것은 기업이 요구하는 인재의 능력과 특성을 파악해서 원하는 답변을 확실하게 전달하는 것입니다. 이 책의 Part 1은 사회에서 요구하는 '사회인 기초력'과 '자기 분석' 및 '자기 PR'이 가능하도록 구성되어 있습니다. Part 4의 엔트리시트 작성은 상대에게 전달하기 쉬운 문장 구성으로 이루어져 있으며, 처음부터 제시된 구성에 맞춰서 자신의 경험이나 생각을 써넣는 것만으로도 간단하게 문장을 만들 수 있도록 구성되어 있습니다.

또한,『일본 취업 자기소개서 쓰기』에서 사용된 모든 예문은 내정(합격 통지서를 받은 상태)이 확정된 일본인 취업 준비생들이 쓴 엔트리시트의 문장들을 참고로 만들어졌으며, 엔트리시트 작성 시 틀리기 쉬운 표현과 단어 및 핵심 패턴들을 다양한 예문과 함께 수록해 놓았습니다.

자신의 밝은 미래를 위해 포기하지 않고 도전하며 꿈을 이루어 나가기를 응원합니다.

가쓰라가와 토모코, 김태희

이 책의 구성과 특징

예비과 취업 활동의 흐름

일본 취업 학습자들을 위해, 일본 기업의 《취업 활동 일정표》 외에
채용 시기 및 채용 과정 등을 알아봅니다.

본문

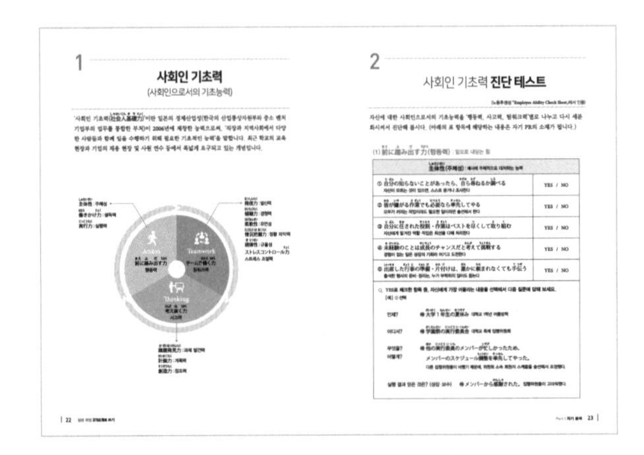

PART 1. 자기 분석

직장과 지역사회에서 다양한 사람들과 일을 수행하기 위해 필요한 기초적인 능력과 사회인으로서의 기초 능력을 어느 정도 지니고 있는지 진단해 보는 코너입니다.

PART 2. 업계 · 기업 · 직종 탐색하기

관심 있는 분야를 큰 부류에서 작은 부류로 세세하게 분류하여 자신에게 맞는 기업과 직종을 탐색해 보는 코너입니다.

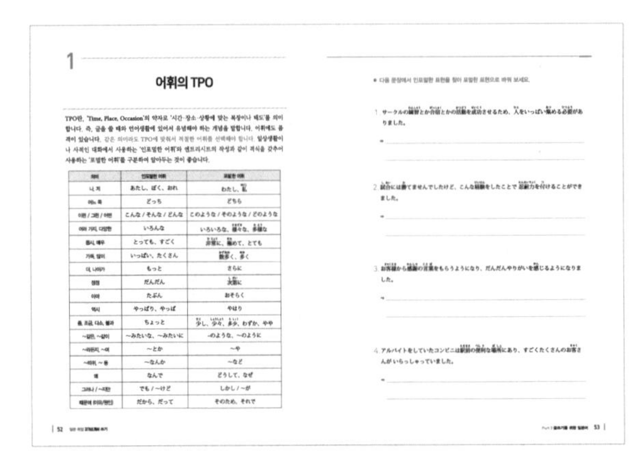

PART 3. 글쓰기를 위한 일본어

엔트리시트 작성 시, 유념해야 되는 개념과 문장의 구성 및 앞뒤 문맥을 자연스럽게 연결하기 위한 접속사를 학습하는 코너입니다.

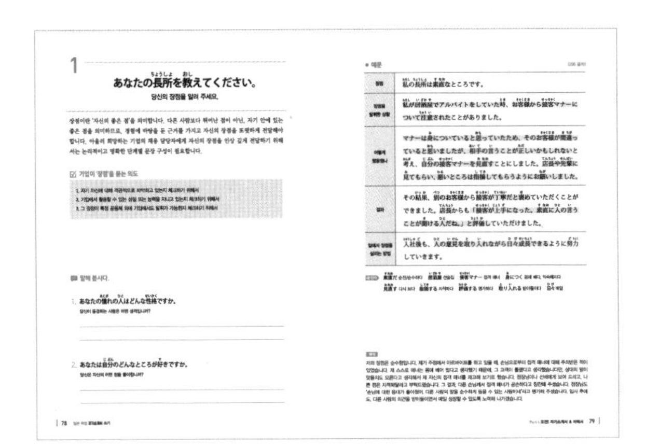

PART 4. 도전! 자기소개서 & 이력서

엔트리시트 작성 시, 자신의 장·단점을 정확하게 파악하고 기업에서 원하는 자기소개서 및 이력서를 작성할 수 있도록 노하우와 방법 등을 집중적으로 학습할 수 있는 코너입니다.

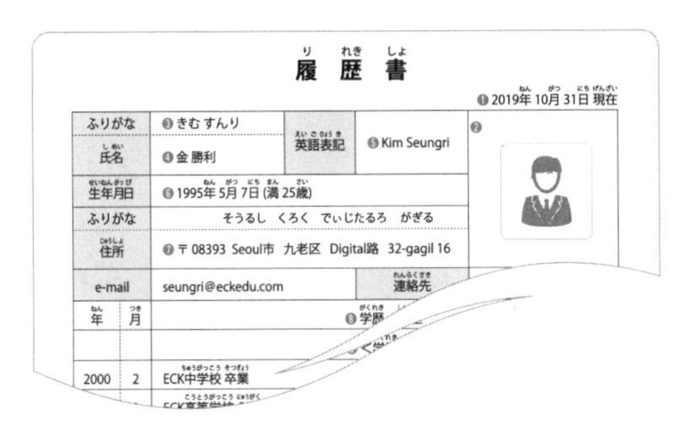

＊ **이력서 쓰기 :**
이력서 견본과 쓰는 방법을 알아봅니다.

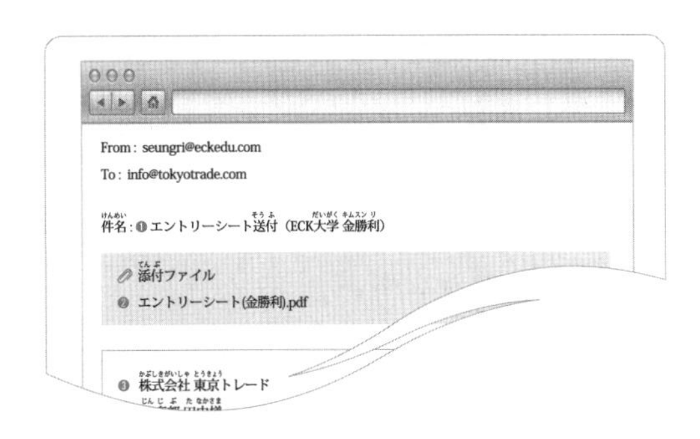

＊ **이메일로 자기소개서 및 이력서 보내기 :**
비즈니스 메일에서 자주 사용하는 표현 및 메일로 이력서를 작성하여 보내는 방법을 알아봅니다.

부록

1. 한·일 취업 정보사이트

한국과 일본의 취업 정보 사이트를 알아보고 사이트별로 다양한 정보를 비교해 봅니다.

2. 모범답안과 연습문제 정답

Part 3과 **Part 4** 문제의 모범답안과 연습문제의 정답을 확인합니다.

| Contents |

PART 4 도전! 자기소개서 & 이력서

Chapter 1 자기소개서 실전 연습

Chapter 2 이력서 쓰기

Chapter 3 이메일로 자기소개서 및 이력서 보내기

● 부록

1. 일본 기업의 채용 스케줄
2. 인턴십
3. 자기 분석
4. 업종 및 기업 연구
5. 엔트리(등록)
6. 기업 설명회
7. 엔트리시트 작성, 시험, 면접
8. 내정

/ 예비과 /

취업 활동의 흐름

❶ 일본 기업의 채용 스케줄

한국의 해외 취업 3분의 1을 일본 기업들이 차지할 만큼, 일본 현지 기업의 한국인 청년 채용 비율은 매우 높은 비중을 차지하고 있습니다. 또한, 2016년을 기점으로 일본은 미국을 넘어 해외 취업이 가장 많은 나라로 부상하면서, 해외 취업 희망자들의 경쟁 또한 높아지고 있습니다. 상당수의 일본 현지 기업에서 외국인은 내국인과 동등한 위치에서 경쟁하며, 실적에 따라서 평가받고 있습니다. 이러한 기업 문화 때문에 많은 외국인 취업 준비생들이 일본 기업에 취업을 지원하고 있습니다. 그러므로 갈수록 높아지는 경쟁 속에서 일본 기업이 원하는 조건을 세밀히 분석하고 채용 비중이 높은 분야를 찾아서 집중 공략하는 것이 좋습니다.

일본의 경우, 구체적인 취업 활동은 일반적으로 3학년 2학기부터 시작됩니다. 대부분 3학년 2학기부터 계획을 세우고 취업 활동을 개시한 후, 4학년 6월부터 내정(취업 합격 통보)을 받는 지원자가 나오기 시작하므로, 일본 기업의 채용 스케줄을 미리 파악한 후 한 학기 먼저 취업 활동을 시작하는 것이 바람직합니다.

신입사원 채용에 있어서 한국과 일본 기업 사이에는 '채용 시기, 일정, 방법, 평가, 합격자 발표' 등 여러 가지 차이점이 있습니다. 일본 기업의 경우, 많은 기업이 3월 초부터 입사지원서를 접수하고 있으며, 일본의 JOB SITE에서 취업 준비생들을 위해 《취업 활동 일정표》를 제시해 줄 만큼 채용 시기에 대한 일정에 큰 변화가 없습니다. 그러므로 취업 활동 일정표를 바탕으로 체계적인 일본 취업을 준비할 수 있습니다.

일본의 JOB SITE에서 제공하는 《취업 활동 일정표》입니다. 일본 기업의 채용 스케줄을 분석하고 취업 활동 일정표에 맞게 미리 준비해 보세요.

《취업 활동 일정표》

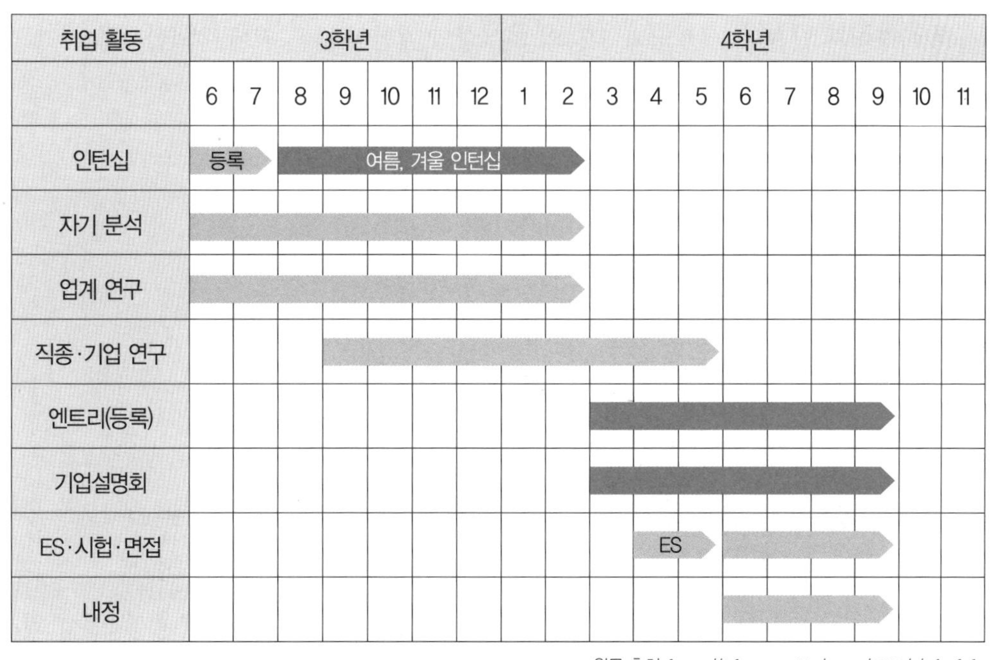

원문 출처: https://job.mynavi.jp/conts/2020/s/schedule

＊ ES = Entry Sheet

② 인턴십

취업 활동의 한 과정인 일본의 인턴십은 주로 3학년 2학기에 이루어집니다. 일본의 인턴십이란, 재학 중에 자신의 전공과 관련된 기업에 체험을 위해 입사하는 제도입니다. 기업이 학생들에게 취업 체험의 기회를 제공함으로써 학생들이 자신의 적성을 명확하게 파악할 수 있도록 하는 것이 이 제도의 목적입니다. 그러므로 일본의 인턴십은 무보수인 경우가 많으며, 짧은 기간의 일정으로 회사 업무에 대한 '소개, 워크숍, 세미나' 등의 간단한 활동 및 업무들로 이루어져 있습니다. 한국과 일본의 인턴십의 개념이 다른 점에 유의합시다.

③ 자기 분석

취업 활동의 첫걸음은 '자기 분석'으로 시작합니다. 자기 분석은 자신의 적성을 비롯해 '강점, 약점, 장점, 단점'을 파악함으로써 막연하게 하고 싶은 일보다 자신이 잘 할 수 있는 일을 정확하게 찾아내는 매우 중요한 과정입니다. 그러므로 학창시절에 '적성 및 인성 검사, 동아리 활동, 아르바이트, 취미활동' 등을 다양하게 경험해 보면서 자신의 성향 및 성격과 적성을 파악하는 것이 좋습니다.

4 업종 및 기업 연구

일본 취업에서 가장 중요한 2가지는 '자기 분석'과 '지원하는 기업에 대한 연구'라고 해도 과언이 아닙니다. 자신의 적성 및 강점과 장점을 충분히 살릴 수 있는 업종과 기업에 관한 정보 수집 및 연구 또한 매우 중요하기 때문입니다. '왜 우리 회사에 지원했습니까?'라는 질문에 대한 자신만의 답변을 생각해 두고 입사를 원하는 뚜렷한 목표와 이유를 확립시킨 후, 희망하는 업종과 목표한 기업에 관심을 갖고 기사 내용 등을 스크립트 하며, 기업의 홈페이지에 접속하는 등 도움이 되는 새로운 정보들을 체크해 두는 것이 좋습니다.

5 엔트리(등록)

엔트리란, 관심 기업으로부터 취업 자료를 받을 수 있도록 해당 기업 홈페이지나 취업 정보 사이트에 회원으로 등록하는 과정을 말합니다. 취업 준비생의 앙케트 결과를 보면, '종합상사 내정자의 70%가 대학교 3학년 6월 전까지는 취업사이트에 자신의 이력서를 등록한다'고 되어 있습니다. 최소한의 개인 정보를 제공함으로써, 입사에 관한 취업 정보를 E-Mail로 받아 볼 수 있습니다. 자신이 목표로 하는 기업의 홈페이지에 외국인을 위한 특별 전형 또는 채용 프로세스가 있는지 수시로 확인해 봅시다.

TIP 유의할 점은 사회 경험이 없는 학생들을 대상으로 취업을 미끼로 하는 사원 연수나 인턴십을 악용하는 블랙 기업(악덕 기업)도 있으므로, 회원가입 전에 꼼꼼하게 알아보고 가입해야 합니다.

6 기업 설명회

(1) 방한 인재 채용박람회 참여하기

최근 각 분야의 일본 기업들이 한국의 무역협회 및 일본 취업사이트에서 매년 공동으로 개최하는 채용박람회에 적극적으로 참가하고 있습니다. 또한, 박람회에서 이루어지는 현장 인터뷰를 통해 채용되는 경우도 있습니다.

TIP 국내에서 열리는 채용박람회 종합 안내 사이트

http://www.job815.com

☞ 관심 기업의 채용박람회 참가 여부를 자주 확인해 봅시다.

(2) 일본 현지 기업설명회 또는 취업 세미나 참가하기

일본 기업은 보통 3월에 회사 세미나를 실시하며, 그 외에 인턴십 또는 기업설명회 등도 있습니다. 기업설명회는 3월부터 시작하는 기업이 많지만, 언론 계열 및 IT 계열은 연중 특정 시기에 실시하는 곳도 있으므로, 각종 '취업 세미나, 취업박람회, 취업설명회' 등의 일정은 '취업사이트 229p. 참고' 또는 관심 기업의 '홈페이지'에서 정보를 확인합니다. 대부분의 설명회 및 세미나는 예약제로 진행되고 있으며, 신입사원뿐만 아니라 기졸업자 또는 경력자를 채용하는 회사 등 다양한 채용 내용들로 이루어집니다.

TIP 세미나가 끝나고 채용 담당자에게 인사를 한 후, 그 기업에 대해 조금 더 알고 싶다는 열의를 보여준다면 채용 담당자가 당신의 이름을 기억할 확률이 높을 것입니다. 또 세미나가 끝난 후, 담당자에게 감사 메일을 작성하는 것도 하나의 방법입니다. 세미나는 본인이 그 회사에 대해 얼마나 열의를 가지고 있는지를 보여줄 수 있는 좋은 기회입니다.

7 엔트리시트 작성, 시험, 면접

(1) 엔트리시트란?

일본 기업에 입사하기 위해서는 여러 종류의 서류를 준비해야 합니다. 그중에서 가장 먼저 준비해야 될 서류가 '엔트리시트(エントリーシート)'입니다. 엔트리시트는 취업희망자가 입사를 위한 서류 전형에 응모하기 위해 작성하는 '자기소개서'입니다. 이력서와는 다르게 개인 정보뿐만 아니라 '자기 PR, 지원 동기, 입사 후의 포부' 등 주어진 항목에 대해서 작성하는 것이 일반적인 형식입니다. 최근에는 Web상에서 엔트리시트를 접수하는 기업이 늘고 있습니다. 기업의 입장에서는 서류 전형과 면접에서 엔트리시트의 자료를 활용함으로써, 채용의 효율을 올릴 수 있습니다. 또한 이력서에는 기재되지 않은 그 기업만의 독자적 질문을 자체적으로 설정함으로써, 이력서만으로는 판단할 수 없는 입사희망자의 인품과 자사의 채용조건과의 적합도, 자사에 대한 지망 열의 및 애사심 등을 파악할 수 있습니다. 한마디로 엔트리시트는 입사희망자의 첫인상을 대변하는 주요한 역할을 하고 있습니다.

(2) 엔트리시트 작성 시 유의점

대기업의 경우, 인사 담당자들이 모든 지원자의 엔트리시트를 읽어보는 것은 사실상 어렵습니다. 따라서 표현하고자 하는 내용을 이해하기 쉽게 정리하는 연습이 필요합니다. 일부의 일본 기업은 지원서를 자필로 요구하는 경우도 있습니다. 기업 설명회에서 직접 작성하는 경우도 있으므로, 자신의 주된 이력 사항 등을 자필로 연습해두는 것이 좋습니다. 첫 관문인 서류 전형 통과를 위해서는 오자 및 탈자, 약자 또는 속어적 표현, 문체의 통일 등을 주의하며 작성해야 합니다.

* 취업에 성공한 선배들의 조언

① 전반적으로 두괄식으로 명료하게 쓸 것

② 내용 면에서 자신만의 목소리로 논리적으로 쓸 것

③ 지원하는 회사의 인재상에 맞는 장점을 충분히 어필해서 쓸 것

즉, 자기 분석과 업종 및 기업에 대한 체계적인 연구와 세밀한 조사를 말합니다. 작성이 끝난 뒤에는 여러 명으로부터 첨삭을 받고 원어민에게 체크받는 과정이 필요합니다.

(3) 시험과 면접

채용 과정은 회사마다 다르지만, 일반적으로 「서류 → SPI(인·적성 시험) → 면접」 순으로 진행됩니다. SPI 시험은 일본인과 외국인 모두 응시하기 때문에 사전에 충분히 대비를 해야 합니다.

다음은 KOTRA 오사카 무역관에서 제시한 일반적인 채용 과정입니다.

서류 전형과 필기시험이 통과되면 면접이 시작됩니다. 면접은 보통 1차 인사팀 면접, 2차 실무진 면접, 3차 임원 면접 순으로 진행되며, 회사마다 조금씩 차이가 있습니다.
면접의 형태에는 크게 '그룹 면접'과 '개인 면접'이 있습니다. 그룹 면접이란, 주로 1차 면접 때 이루어지며 3~5명의 지원자가 일제히 면접에 임하는 것을 말합니다. 개인 면접은, 1명 또는 복수의 면접관과 지원자 1명의 면접을 말합니다. 기업에 따라서 1차 면접에 개인 면접을 실시하는 경우도 있지만, 대부분 1차 면접은 그룹 면접으로, 2차 면접은 개인 면접으로 진행됩니다. 이 밖에 '그룹 작업(Group Work)' 또는 '그룹 토의(Group Discussion)'와 같은 면접도 있습니다. 또 일본어 외에 영어면접을 실시하는 기업도 있습니다.

TIP SPI 시험이란?

SPI에 출제되는 문제는 '일본어, 수학, 영어'입니다. 일본어의 경우, 경어 사용법, 문장 요약 등의 문제가 출제되며 수학의 경우, 암산부터 미적분까지 출제됩니다. SPI 시험에 대비하기 위해서는 'SPI 대비용 서적'을 참고하는 것이 좋습니다. 일본 취업 성공 수기에 나와 있는 선배들의 경험담을 인용하면, 한국의 인·적성 검사는 두뇌 회전력을 평가하는 문제가 많은 반면, 일본의 SPI는 공식을 외워야 풀 수 있는 문제들이 많다고 합니다.

8 내정

마지막으로, 지원한 회사로부터 합격 통지서에 해당하는 「内定(ないてい)(내정)」을 받는 일만 남았습니다. 많은 기업은 10월 초에 합격자를 초대해서 내정식을 갖습니다. 최종면접에 합격하면 10월에 이루어지는 내정식에 참석할 수 있습니다.

PART 1

자기 분석

1

사회인 기초력

(사회인으로서의 기초능력)

‘사회인 기초력(社会人基礎力)’이란 일본의 경제산업성(한국의 산업통상자원부와 중소 벤처 기업부의 업무를 통합한 부처)이 2006년에 제창한 능력으로써, ‘직장과 지역사회에서 다양한 사람들과 함께 일을 수행하기 위해 필요한 기초적인 능력’을 말합니다. 최근 학교의 교육 현장과 기업의 채용 현장 및 사원 연수 등에서 폭넓게 요구되고 있는 개념입니다.

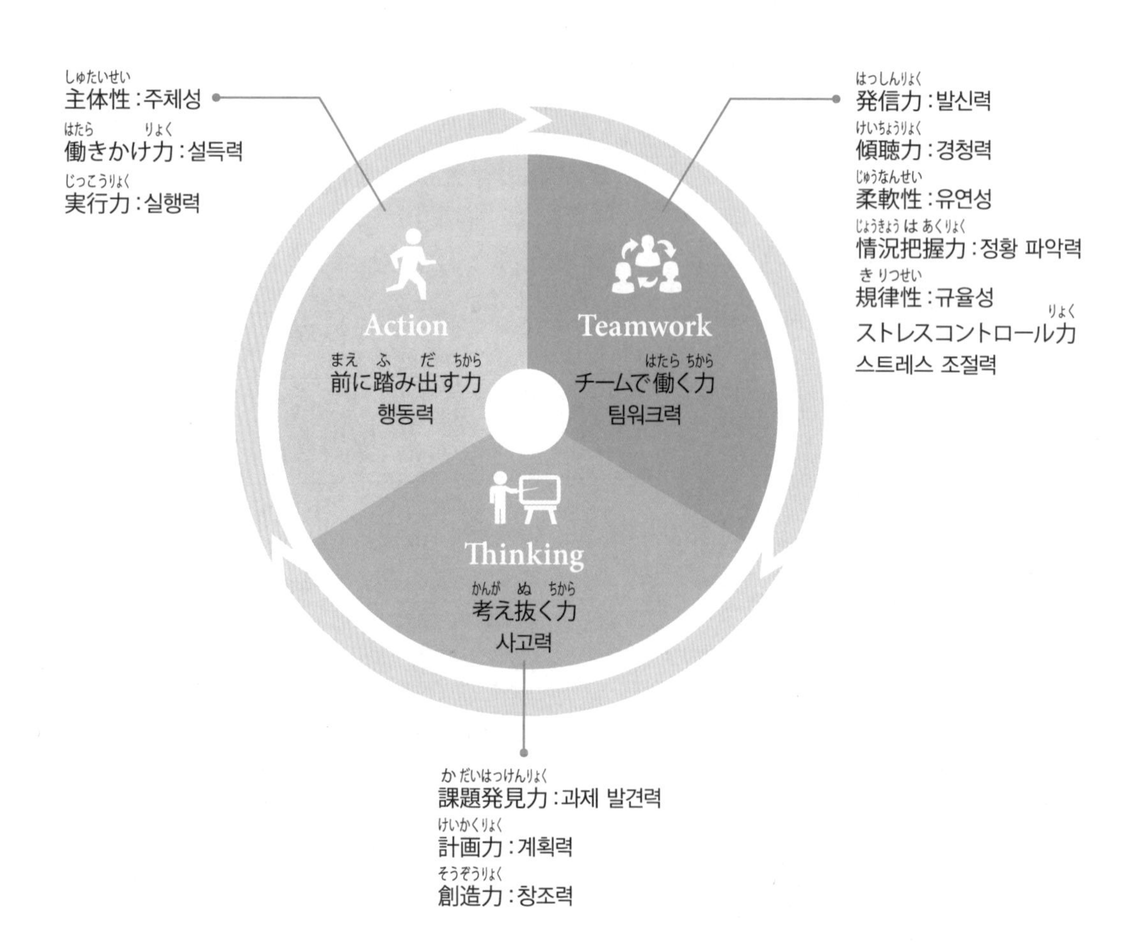

2

사회인 기초력 **진단 테스트**

(노동후생성「Employee Ability Check Sheet」에서 인용)

자신에 대한 사회인으로서의 기초능력을 '행동력, 사고력, 팀워크력'별로 나누고 다시 세분화시켜서 진단해 봅시다. (아래의 표 항목에 해당하는 내용은 자기 PR의 소재가 됩니다.)

(1) 前に踏み出す力(행동력) : 앞으로 내딛는 힘

主体性(주체성) : 매사에 주체적으로 대처하는 능력	
① 自分の知らないことがあったら、自ら尋ねるか調べる 자신이 모르는 것이 있으면, 스스로 묻거나 조사한다	YES / NO
② 皆が嫌がる作業でも必要なら率先してやる 모두가 꺼리는 작업이라도 필요한 일이라면 솔선해서 한다	YES / NO
③ 自分に任された役割・作業はベストを尽くして取り組む 자신에게 맡겨진 역할·작업은 최선을 다해 처리한다	YES / NO
④ 未経験のことは成長のチャンスだと考えて挑戦する 경험이 없는 일은 성장의 기회라 여기고 도전한다	YES / NO
⑤ 出席した行事の準備・片付けは、誰かに頼まれなくても手伝う 출석한 행사의 준비·정리는, 누가 부탁하지 않아도 돕는다	YES / NO

Q. **YES로 체크한 항목 중, 자신에게 가장 어울리는 내용을 선택해서 다음 질문에 답해 보세요.**

[예] ② 선택

언제? ㉥ 大学1年生の夏休み 대학교 1학년 여름방학

어디서? ㉥ 学園祭の実行委員会 대학교 축제 집행위원회

무엇을? 어떻게? ㉥ 他の実行委員のメンバーが忙しかったため、メンバーのスケジュール調整を率先してやった。
다른 집행위원들이 바빴기 때문에, 위원회 소속 회원의 스케줄을 솔선해서 조정했다.

실행 결과 얻은 것은? (성장·보수) ㉥ メンバーから感謝された。 집행위원들이 고마워했다.

働きかけ力(설득력) : 주위 사람을 격려하고 적극적으로 함께 참여하게 하는 능력	
① 職場などで初対面の人がいたら、自分から話しかける 직장 등에서 처음 만나는 사람이 있으면, 먼저 말을 건다	YES / NO
② 自分の考えた方法がうまくいかない時、周囲に相談できる 자신이 생각한 방법으로 해결이 잘 안될 때, 주위 사람들과 상담한다	YES / NO
③ 一人でやりきれない課題の場合、他人に協力を依頼できる 혼자서 수행할 수 없는 과제는, 남들에게 협력을 의뢰한다	YES / NO
④ 目標達成(成功)のために周囲の人の協力を得たことがある 목표 달성(성공)을 위해 주위 사람들의 협력을 얻은 적이 있다	YES / NO
⑤ 仲間との旅行やイベントの企画を立てて実現させたことがある 동료와의 여행이나 이벤트를 기획하여 실현한 적이 있다	YES / NO

Q. **YES로 체크한 항목 중, 자신에게 가장 어울리는 내용을 선택해서 다음 질문에 답해 보세요.**

[예] ⑤ 선택

언제?　㉮ 去年の冬休み 작년 겨울 방학

어디서?　㉮ サークルの旅行 동아리 여행

무엇을? 어떻게?　㉮ 親睦を深めるため、旅行を 計画して準備した。
친목 도모를 위해서, 여행을 계획하고 준비했다.

실행 결과 얻은 것은? (성장·보수)　㉮ サークルの団結力を高めるのに役立った。
동아리의 단결력을 높이는 데 도움이 되었다.

実行力(실행력) : 목표를 설정한 후, 확실하게 행동하는 능력	
① 作業をする際には目標時間を設定して達成を目指す 작업할 때 목표 시간을 설정하고 그 시간 내의 달성을 도모한다	YES / NO
② 翌日どのような仕事をするか計画を立てて前日を終える 다음 날 무슨 일을 할지 계획을 세우고 하루를 마무리한다	YES / NO
③ 何か目標を立てる際には、必ず何か数字を入れて考えている 어떤 목표를 세울 때는, 반드시 수치(數値)를 넣어서 계획을 세운다	YES / NO
④ 未経験の仕事・作業は最終ゴールから逆算して計画を立てる 경험이 없는 업무·작업은 최종 목표치로부터 역산해서 계획을 세운다	YES / NO
⑤ 予定通りにいかなかった場合、軌道修正してでもやり遂げる 예정대로 진행이 안 되는 경우, 궤도를 수정해서라도 해낸다	YES / NO

Q. **YES로 체크한 항목 중, 자신에게 가장 어울리는 내용을 선택해서 다음 질문에 답해 보세요.**

[예] ⑤ 선택

언제? ㉎ 大学２年生の２学期 대학교 2학년 2학기

어디서? ㉎ 専攻科目での課題の発表 전공 수업의 과제 발표

무엇을? 어떻게? ㉎ 発表の一日前に軌道修正が必要だと気づいたため、寝ないで作り直した。 발표 하루 전날이었으나 궤도 수정이 필요하다고 여겨서, 철야작업을 하며 과제를 다시 작성했다.

실행 결과 얻은 것은? (성장·보수) ㉎ 諦めなければ、いい物が作れるとわかった。 포기하지 않으면, 좋은 결과를 만들어 낼 수 있음을 알았다.

(2) 考え抜く力(사고력) : 의문을 가지고 끝까지 사고하는 능력

課題発見力(과제 발견력) : 현상을 분석해 목표나 과제를 명확하게 파악하는 능력	
① 不満を感じる時には、「その原因は何か」と考える 불만을 느낄 때에는, '그 원인이 무엇인가?'라고 생각한다	YES / NO
② 日々の中で同じ作業を行う際には、少しでも改善点を考える 매일매일 같은 작업을 할 때는, 조금이라도 개선책을 강구한다	YES / NO
③ 自分が考えた工夫で仕事や作業の効率が上がったことがある 자신이 고안한 아이디어로 업무나 작업의 효율성이 오른 적이 있다	YES / NO
④ 機械にトラブルがあった場合、原因を考えてから対応する 기계가 고장 났을 때는, 원인을 생각하고 나서 대응한다	YES / NO
⑤ うまくいかないことの原因を見つけて改善したことがある 순조롭게 진행되지 않는 일의 원인을 발견하고 개선한 적이 있다	YES / NO

Q. **YES로 체크한 항목 중, 자신에게 가장 어울리는 내용을 선택해서 다음 질문에 답해 보세요.**
[예] ③ 선택

언제? 예 去年の夏 작년 여름

어디서? 예 アルバイト先 아르바이트 근무처

무엇을? 어떻게? 예 売り上げの集計が簡単にできるようにエクセルファイルを作った。
판매액 집계를 간단히 작성할 수 있도록 엑셀 파일을 만들었다.

실행 결과 얻은 것은? (성장·보수) 예 店の業務効率が上がった。가게의 업무 효율이 올랐다.

計画力(계획력) : 과제 해결을 위한 과정을 명확하게 하고 준비하는 능력	
① イベント等を企画・計画して無事に開催させたことがある 이벤트 등을 기획·계획하여 무사히 개최한 적이 있다	YES / NO
② 何かを計画する際、常に万一の場合を考えるようにしている 무언가를 계획할 때, 늘 만약의 경우를 고려해 계획을 세우려고 한다	YES / NO
③ 何かを行う際の手順やアイデアは複数考えるようにしている 무언가를 실행할 때 일의 절차나 아이디어는 여러 가지를 생각하도록 한다	YES / NO
④ 何かを行う際、複数の考えの中からベストを考えて行う 무언가를 실행할 때, 여러 가지 아이디어 중에서 최선을 고려하여 실행한다	YES / NO
⑤ 計画を立てる際、物事の優先順位を考えている 계획을 세울 때, 일의 우선순위를 고려한다	YES / NO

Q. **YES로 체크한 항목 중, 자신에게 가장 어울리는 내용을 선택해서 다음 질문에 답해 보세요.**

[예] ② 선택

언제?

㉮ 大学１年生の秋 대학교 1학년 때의 가을

어디서?

㉮ 学科のイベント 학과 이벤트

무엇을?
어떻게?

㉮ 客が多かった時と少なかった時の状況を事前に考えて対策を立てた。
사전에 손님이 많을 때와 적을 때의 상황을 사전에 생각하여 대책을 세웠다.

실행 결과 얻은 것은? (성장·보수)

㉮ イベント当日はトラブルもなくスムーズに行えた。
이벤트 당일은 트러블 없이 순조롭게 이벤트를 진행할 수 있었다.

創造力(창조력) : 새로운 가치를 만들어 내는 능력	
① 「本当に正しいのか」という疑問を持って物事を考えるようにしている '정말로 옳은 일인가?'라는 의문을 지니고 사고하려고 한다	YES / NO
② 日常の中で、ちょっとした新発明・発見をしたことがある 일상생활에서, 작지만 새로운 발명·발견을 한 적이 있다	YES / NO
③ 自分の「あったらいいなと思うもの」が商品化されたことがある '있으면 좋을 것 같다고 생각한 물건'이 상품화된 적이 있다	YES / NO
④ 他人からユニークだと言われたことがある 주위 사람들로부터 유니크하다고 들은 적이 있다	YES / NO
⑤ 理屈で無駄だと思いながらも、やってみたら心が動いた経験がある 논리적으로 소용없다고 생각하면서도, 해보니 마음이 움직인 경험이 있다	YES / NO

Q. **YES로 체크한 항목 중, 자신에게 가장 어울리는 내용을 선택해서 다음 질문에 답해 보세요.**

[예] ① 선택

언제? 예 大学3年生の1学期 대학교 3학년 1학기

어디서? 예 授業のグループ討論 수업 시간의 그룹 토론

무엇을? 어떻게? 예 皆が早く答えを出して議論を終わらせようとしていたが、納得できず、議論を続けてもらった。 모두가 일찌감치 결론을 짓고 토론을 마무리하려 했지만, 납득이 되지 않아서, 토론을 더 이어갔다.

실행 결과 얻은 것은? (성장·보수) 예 自分の意見がグループの意見として採用された。 자신의 의견이 그룹 의견으로 채택되었다.

(3) チームで働く力(팀워크력) : 다양한 사람들과 함께 목표를 향해 협력하는 능력

発信力(발신력) : 자신의 의견을 알기 쉽게 전달하는 능력	
① 発言の際、要点や話の順番を整理して簡潔に発言している 발언 시, 요점과 이야기의 순서를 정리해서 간결하게 말한다	YES / NO
② 相手の理解度を確かめながら話をしている 상대의 이해도를 확인해가며 발언한다	YES / NO
③ 相手の立場や人権などに配慮して発言する 상대의 입장이나 인권 등을 배려하며 발언한다	YES / NO
④ 意見が対立しないような言い方を考えて発言している 의견이 대립하지 않도록 말하는 방식을 고려하여 발언한다	YES / NO
⑤ 大勢の中でも言うべき意見は言うことができる 많은 사람 속에서도 말해야 될 의견은 발언할 수 있다	YES / NO

Q. **YES로 체크한 항목 중, 자신에게 가장 어울리는 내용을 선택해서 다음 질문에 답해 보세요.**

[예] ⑤ 선택

언제? 예 大学２年生の夏休み 대학교 2학년 여름방학

어디서? 예 アルバイトでお客様からクレームがあったときに開いた会議
고객의 클레임으로 열린 아르바이트 근무처의 회의

무엇을? 어떻게? 예 アルバイトの私が意見を言う立場ではないと思ったが、意見を提案した。 자신이 아르바이트생이라서 의견을 말할 입장이 아니라고 생각했으나, 의견을 제안했다.

실행 결과 얻은 것은? (성장·보수) 예 店長にいい意見だと言ってもらった。
점장님이 좋은 의견이라고 말해 주었다.

傾聴力(경청력) : 상대의 의견을 정중하게 듣는 능력	
① 話を聞く際、相手の気持ちや考えを理解しようとしている 이야기를 들을 때, 상대의 기분이나 생각을 이해하려고 한다	YES / NO
② 話を聞く際、アイコンタクトやあいづちを十分に使っている 이야기를 들을 때, 아이 콘택트 및 맞장구 등을 충분히 한다	YES / NO
③ あまり興味のない話でも、適当に質問をしたりできる 별로 흥미 없는 이야기라도, 적절하게 질문할 수 있다	YES / NO
④ 対立した意見でも、すぐに反論したりしない 대립된 의견일지라도, 즉시 반론하지 않는다	YES / NO
⑤ 話を聞く際、その人の背景や立場も考えて聞く 이야기를 들을 때, 그 사람의 배경이나 입장도 고려해서 듣는다	YES / NO

Q. YES로 체크한 항목 중, 자신에게 가장 어울리는 내용을 선택해서 다음 질문에 답해 보세요.

[예] ② 선택

언제?
예 大学２年生の夏休み 대학교 2학년 여름방학

어디서?
예 アルバイトでお客様から話しかけられた時
아르바이트 중에 손님이 말을 걸었을 때

무엇을? 어떻게?
예 仕事中にお客様が昔の思い出話を始めた。忙しかったので、笑顔とあいづちで短く話を聞いた。아르바이트 중에 손님이 옛날 추억담을 꺼내서 이야기했다. 바빴기 때문에, 미소와 간단한 응대로 이야기를 짧게 들어주었다.

실행 결과 얻은 것은? (성장·보수)
예 長く話ができなかったが、お客様は満足していた。
길게 이야기할 수 없었지만, 손님은 만족했다.

柔軟性(유연성) : 입장이나 의견의 차이를 이해하는 능력

柔軟性(유연성) : 입장이나 의견의 차이를 이해하는 능력	
① 意見の異なる人がいたら、どんな背景の差があるのかを考える 의견이 다른 사람이 있으면, 어떤 배경 차이가 있는지를 생각한다	YES / NO
② 嫌いな人の意見でも良い点は認めて取り入れる 싫은 사람의 의견일지라도 좋은 점은 인정하고 받아들인다	YES / NO
③ 立場が異なる人ならどんな意見を出すか仮説を立てる 입장이 다른 사람이라면 어떤 의견을 낼지 가설을 세운다	YES / NO
④ 謙虚に他の人の良い点は取り入れるようにしている 다른 사람의 좋은 의견은 겸허하게 받아들이고자 한다	YES / NO
⑤ 一度決めたことでも、状況により臨機応変に対応する 한번 정해진 일이라도, 상황에 따라 임기응변으로 대응한다	YES / NO

Q. YES로 체크한 항목 중, 자신에게 가장 어울리는 내용을 선택해서 다음 질문에 답해 보세요.

[예] ② 선택

언제? 　예 先月 지난달

어디서? 　예 授業のグループ発表の準備 수업 시간 중의 그룹 발표 준비

무엇을? 어떻게? 　예 あまり信頼していない人とグループになったが、その人の意見がいい意見だと思ったので賛成した。그다지 신뢰하지 않는 사람과 그룹이 되었는데, 그 사람의 의견이 좋은 의견이라 생각하여 찬성했다.

실행 결과 얻은 것은? (성장·보수) 　예 性格が合わなくても、意見が合うことがあるとわかった。성격이 맞지 않아도, 의견이 맞을 수 있다는 것을 알았다.

情況把握力(정황 파악력) : 자신과 주위 사람들이나 사물과의 관계성을 이해하는 능력	
① 自分の置かれた立場や状況を常に理解して行動する 자신이 처한 입장이나 상황을 항상 이해하고 행동한다	YES / NO
② 自分の立場から求められる役割を意識して行動している 자신에게 요구되는 역할을 의식하고 행동한다	YES / NO
③ 相手との関係を理解して、適切な言葉遣いや行動をする 상대와의 관계를 이해하고, 적절한 언어 사용과 행동을 취한다	YES / NO
④ 周囲の人の立場や役割を意識して行動している 주위 사람들의 입장이나 역할을 의식하며 행동한다	YES / NO
⑤ トラブルがあったら、冷静に情報収集し、適切に判断できる 트러블 발생 시, 냉정하게 정보를 수집하고, 적절하게 판단할 수 있다	YES / NO

Q. **YES로 체크한 항목 중, 자신에게 가장 어울리는 내용을 선택해서 다음 질문에 답해 보세요.**

[예] ② 선택

언제? 예 大学２年生から今まで 대학교 2학년 때부터 지금까지

어디서? 예 サークルで 동아리에서

무엇을? 어떻게? 예 サークルに後輩が入ってきてからは、常に後輩をサポートするように心がけている。동아리에 신입생 후배가 들어오고부터는, 후배를 서포트하도록 항상 유념하고 있다.

실행 결과 얻은 것은? (성장·보수) 예 後輩から頼りにされている。
후배가 의지하는 선배가 되었다.

規律性(규율성) : 사회의 규칙이나 사람과의 약속을 지키는 능력	
① 社会のルールの第一歩として、元気なあいさつをしている 사회 규칙의 첫걸음으로써, 활기찬 인사를 건넨다	YES / NO
② 1分でも遅刻だと理解し、5分前行動を心がけている 1분 늦어도 지각이라고 생각해서, 5분 전까지 준비하려고 유념하고 있다	YES / NO
③ 時間や締め切りに間に合わない場合、事前に連絡している 시간 약속이나 마감 기간을 지키지 못할 경우, 사전에 연락해서 알린다	YES / NO
④ 約束した予定は必ず守る 약속한 예정은 반드시 지킨다	YES / NO
⑤ 組織の指揮命令系統*を理解して行動している 조직의 지휘명령체계*를 이해하고 행동한다	YES / NO

Q. **YES로 체크한 항목 중, 자신에게 가장 어울리는 내용을 선택해서 다음 질문에 답해 보세요.**

[예] ① 선택

언제? ㉠ いつも 항상

어디서? ㉠ アルバイトで 아르바이트 근무처에서

무엇을? 어떻게? ㉠ アルバイトのスタッフやお客様に対して、自分から大きい声であいさつをするようにしている。아르바이트를 하면서 만나는 손님들과 동료들에게, 먼저 큰 목소리로 인사하려고 한다.

실행 결과 얻은 것은? (성장·보수) ㉠ 「元気でいいね」と褒められた。 '활기가 넘쳐서 좋아요'라고 칭찬받았다.

* 지휘명령체계란? 상부조직에서 하부조직으로 지시가 전달되는 경로를 말합니다.

ストレスコントロール力(스트레스 조절력) : 스트레스가 발생하는 근본 원인에 대응하는 능력	
① 自分にとってストレスを感じる状況や環境を理解している 자신이 스트레스를 느끼는 상황이나 환경을 이해한다	YES / NO
② 自分なりのストレス解消法を持っている 자신만의 스트레스 해소법을 가지고 있다	YES / NO
③ 成長のために、適度なストレスを受ける仕事に挑戦する 성장을 위해서, 적절한 스트레스를 받는 일에 도전한다	YES / NO
④ どうでもいいことは適当にやり過ごす 중요하지 않은 일은 적당히 처리해서 끝낸다	YES / NO
⑤ ストレスの原因を特定し、改善・解決したことがある 스트레스의 원인을 특정해서, 개선·해결한 적이 있다	YES / NO

Q. **YES로 체크한 항목 중, 자신에게 가장 어울리는 내용을 선택해서 다음 질문에 답해 보세요.**

[예] ③ 선택

언제? ㉬ 昨年の秋 작년 가을

어디서? ㉬ サークルの発表会で司会を頼まれた。
동아리의 발표회에서 사회를 부탁받았다.

무엇을? 어떻게? ㉬ 大勢の人の前で話すのが苦手なため断ろうと思ったが、自分の成長のためだと思い挑戦した。많은 사람 앞에서 말하는 것이 몹시 서툴러서 거절하려고 했으나, 저의 성장을 위해서라고 생각하고 도전했다.

실행 결과 얻은 것은? (성장·보수) ㉬ うまくやり遂げ、達成感を感じることができた。
끝까지 잘 해내서, 달성감을 느낄 수 있었다.

앞에서 체크한 '사회인 기초력 진단 테스트'에서 각 항목별로 Yes에 체크된 개수를 세어 보고 아래 그래프와 같이 선을 그려 봅시다.

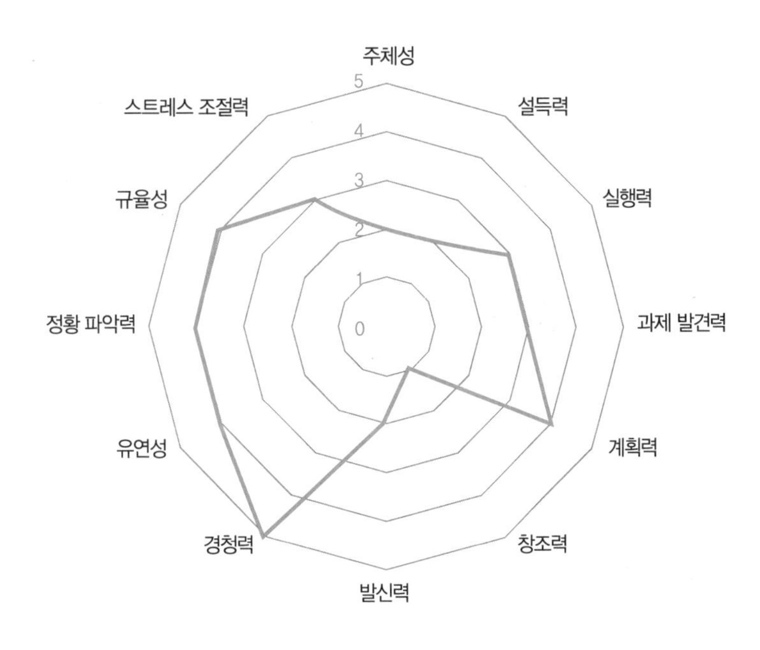

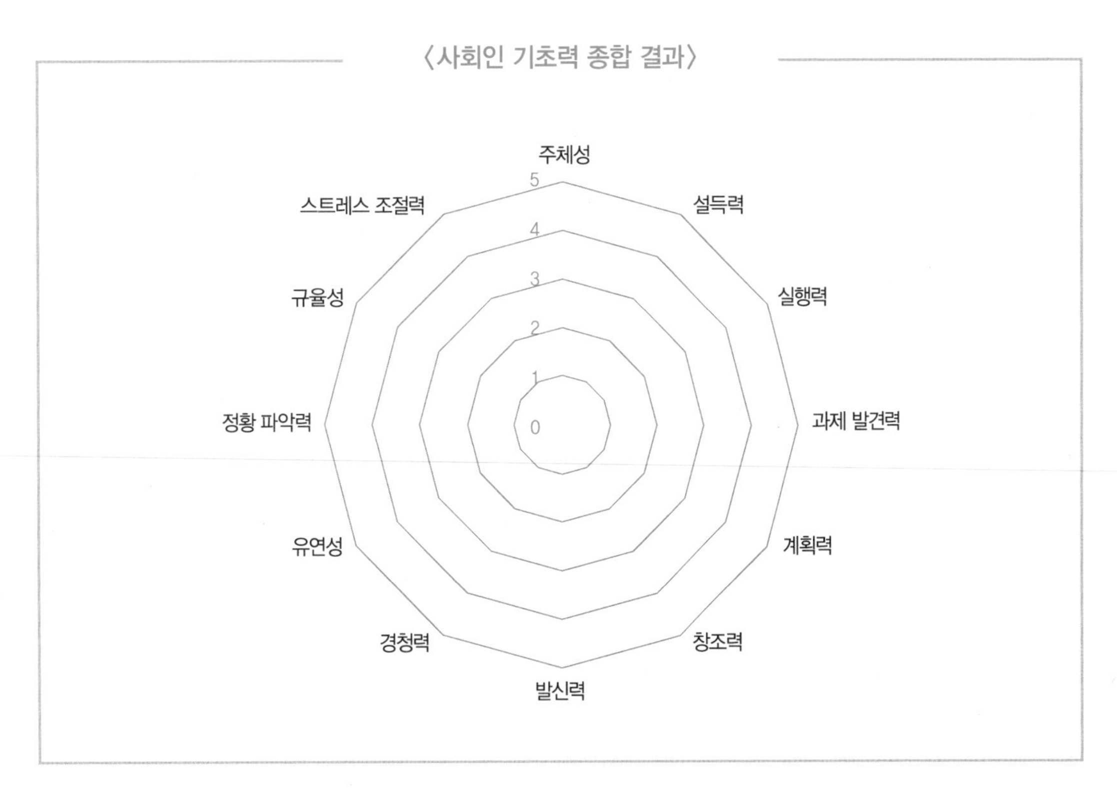
〈사회인 기초력 종합 결과〉

12가지에 이르는 사회인 기초력이 모두 높을 필요는 없습니다. 기업의 성격과 수행 업무에 따라서 요구되는 능력은 달라질 수 있기 때문입니다. 특히, '주체성, 실행력'과 같이 '앞으로 내딛는 능력'이 중시되는 경우가 있고, '규율성, 경청력, 발신력'과 같이 '팀워크로 일하는 능력'이 중시되는 경우가 있습니다. 그러므로 앞 페이지의 결과를 바탕으로, 자신의 능력 중 강점과 약점을 알아보고 취약한 부분에 대한 개선점을 찾아보세요.

1. 12가지 사회인 기초력 중 능력이 높은 것 (강점) :

2. 12가지 사회인 기초력 중 능력이 낮은 것 (약점) :

3. 희망 직종을 고려했을 경우, 노력이 필요한 능력 :

4. 「사회인 기초력 진단 테스트」를 해 본 후, 느낀 점은 무엇입니까?

☑ 사회인 기초력을 키우기 위한 TIP

- 주체성 : 지시를 기다리지 않고 자발적으로 일을 처리하자.
- 설득력 : 주위 사람들로부터 협력 받을 수 있도록 평소에 잘 행동하자.
- 실행력 : 어떤 일에도 목표를 설정하고 행동하자.
- 과제 발견력 : 매사에 더 나은 문제 해결법은 없는지 의문을 갖는 습관을 가지자.
- 계획력 : 최선의 계획을 생각하고 준비하자.
- 창조력 : 순간의 아이디어에 의존하지 말고 시행착오를 두려워하지 말자.
- 발신력 : 상대의 이해도를 고려하여 표현하자.
- 경청력 : 상대가 말하기 편안한 환경을 만들자.
- 유연성 : 자신의 생각을 고집하지 않고 유연하게 대처하자.
- 정황 파악력 : 자신의 능력을 파악하고 무엇을 해야 할지를 생각하자.
- 규율성 : 사회의 룰에 맞춰서 자신의 발언 또는 행동을 컨트롤하자.
- 스트레스 조절력 : 스트레스는 참는 것이 아니라 컨트롤하는 것이 중요한 것임을 잊지 말자.

PART 2

1 업계 탐색

2 기업 탐색

3 직종 탐색

업계·기업·직종 탐색하기

1

업계 탐색

업계란, '사업내용의 종류'를 말합니다. 사업의 종류를 크게 분류한 것을 '업계', 세분화해서 분류한 것을 '업종'이라고 합니다. 그러나 일반적으로 두 분류를 모두 '업계'라고 하는 경우가 많습니다. 120개가 넘는 업계와 업종 중, 대표적인 종류를 알아보고 관심 있는 기업이 어느 업계와 업종에 속하여 있는지 확인해 봅시다.

業界(ぎょうかい) (업계)	モノを作(つく)る業界(ぎょうかい) (제조업)		サービス業界(ぎょうかい) (서비스 업계)
業種(ぎょうしゅ) 업종	• 電機(でんき) / 電子(でんし) 전기 / 전자 • 機械(きかい) / ロボット 기계 / 로봇 • 自動車(じどうしゃ) 자동차 • 食品(しょくひん) / 飲料(いんりょう) 식품 / 음료 • 医薬品(いやくひん) 의약품 • 化粧品(けしょうひん) 화장품 • 生活用品(せいかつようひん) 생활용품 • 繊維(せんい) / 製紙(せいし) 섬유 / 제지	• 化学(かがく) / 石油(せきゆ) 화학 / 석유 • 鉄鋼(てっこう) / 金属(きんぞく) 철강 / 금속 • 建設(けんせつ) 건설 • 住宅(じゅうたく) / インテリア 주택 / 인테리어 • アパレル 의류 • ゲーム / おもちゃ 게임 / 장난감	• 教育(きょういく) 교육 • 人材(じんざい)サービス 인재 서비스 • 医療(いりょう) / 福祉(ふくし) 의료 / 복지 • ホテル / 観光(かんこう) 호텔 / 관광 • レストラン 레스토랑 • 映画(えいが) 영화 • 不動産(ふどうさん) 부동산 • 警備(けいび) 경비 • 鉄道(てつどう) 철도 • 航空(こうくう) / 海運(かいうん) 항공 / 해운

業界(ぎょうかい) (업계)	モノを売(う)る業界(ぎょうかい) (제품을 파는 업계)	モノやお金(かね)を動(うご)かす業界(ぎょうかい) (제품이나 돈을 다루는 업계)	情報(じょうほう)を発信(はっしん)する業界(ぎょうかい) (정보를 다루는 업계)
業種(ぎょうしゅ) 업종	• デパート 백화점 • スーパー 슈퍼 • コンビニ 편의점 • 専門店(せんもんてん) 전문점 • 電力(でんりょく) 전력 • ガス 가스 • ガラス/ゴム 유리 / 고무	• 銀行(ぎんこう) 은행 • 証券(しょうけん) 증권 • 保険(ほけん) 보험 • クレジットカード / リース 신용카드 / 리스 • 商社(しょうしゃ) 상사	• 新聞(しんぶん) 신문 • 出版(しゅっぱん) / 広告(こうこく) 출판 / 광고 • 放送(ほうそう) 방송 • 通信(つうしん) / インターネット 통신 / 인터넷 • ＩＴサービス IT 서비스 • ソフトウエア 소프트웨어

독립행정법인 일본학생지원기구 『외국인 유학생을 위한 취업 활동 가이드』에서 인용

● 관심 있는 업계에 대해서 이야기해 봅시다.

業界(ぎょうかい) (업계)	その業界(ぎょうかい)に関心(かんしん)を持(も)ったきっかけ (그 업계에 관심을 갖게 된 계기)	その業界(ぎょうかい)に属(ぞく)する企業(きぎょう) (그 업계에 속하는 기업)
예 食品業界(しょくひんぎょうかい) 식품업계	예 日本料理(にほんりょうり)が好(す)きで、日本料理(にほんりょうり)の調味料(ちょうみりょう)や食品(しょくひん)をよく買(か)うため、親近感(しんきんかん)がある。 일본요리를 좋아해서, 일본요리의 조미료나 식품을 자주 사기 때문에, 친근감이 있다.	예 キッコーマン、日清食品(にっしんしょくひん) … 기코망, 닛신식품 …
1.		
2.		
3.		

2

기업 탐색

기업은 그 규모에 따라서 '대기업'과 '중소기업'으로 분류됩니다. 대기업이 취업 준비생들에게 선호도가 높은 편이지만, 일본의 대기업에서 일하는 근로자 수는 전체 기업의 30% 정도로, 70%의 근로자는 중소기업에 해당합니다.

대기업과 중소기업 각각의 장점을 확인하고 자신이 원하는 기업의 규모를 선택해 봅시다.

대기업의 장점	중소기업의 장점
1. 복리후생이 좋다	1. 업무 영역이 넓어서 다양한 경험을 쌓을 수 있다
2. 사회적 신용도가 높다	2. 가족적인 인간관계가 가능하다
3. 사내 교육제도가 잘 되어 있다	3. 중요한 업무를 일찍 맡을 수 있다
4. 국가 규모의 대형 프로젝트에 참가할 기회가 있다	4. 승진이 비교적 빠르다

- あなたは大企業(だいきぎょう)と中小企業(ちゅうしょうきぎょう)とどちらで働(はたら)きたいですか。

  당신은 대기업과 중소기업 중 어디에서 일하고 싶습니까?

□ 大企業(だいきぎょう)
대기업

□ 中小企業(ちゅうしょうきぎょう)
중소기업

※ 이유

● 관심 있는 기업에 대해서 이야기해 봅시다.

기업	그 기업에 관심을 갖게 된 계기나 그 기업의 매력
예 任天堂(にんてんどう) 닌텐도	예 任天堂(にんてんどう)のゲームが好(す)きで、家族(かぞく)や友達(ともだち)と一緒(いっしょ)に楽(たの)しんだ。 世代(せだい)や国境(こっきょう)を越(こ)えてファンを獲得(かくとく)しているところに魅力(みりょく)を感(かん)じる。 닌텐도사의 게임을 좋아해서, 가족이나 친구들과 함께 즐겼다. 세대와 국경을 초월해서 팬을 확보하고 있는 점에 매력을 느낀다.
1.	
2.	
3.	
4.	
5.	

지망도가 높은 기업에 대해서 분석하고 자신이 희망하는 기업 정보와 기업이 추구하는 인재상을 한눈에 파악할 수 있도록 정리하여 기입해 봅시다.

● 기업 ①

<table>
<tr><td>企業名(きぎょうめい)
기업명</td><td colspan="4"></td></tr>
<tr><td>代表者名(だいひょうしゃめい)
대표자명</td><td></td><td>設立年(せつりつねん)
설립연도</td><td colspan="2"></td></tr>
<tr><td>資本金(しほんきん)
자본금</td><td></td><td>経常利益(けいじょうりえき)
경상이익</td><td colspan="2"></td></tr>
<tr><td rowspan="2">従業員数(じゅうぎょういんすう)
종업원 수</td><td rowspan="2"></td><td rowspan="2">給料(きゅうりょう)
급여</td><td>月給(げっきゅう) 월급</td><td>賞与(しょうよ) 상여</td></tr>
<tr><td></td><td></td></tr>
<tr><td>企業理念(きぎょうりねん)
기업이념</td><td colspan="4"></td></tr>
<tr><td>主な商品(おもなしょうひん)・サービス
주요 상품·서비스</td><td colspan="4"></td></tr>
</table>

企業(きぎょう)の現状(げんじょう) 기업의 현황	売(う)り上(あ)げが伸(の)びている / 安定(あんてい)している / 低迷(ていめい)している 매출이 늘고 있다 / 안정되어 있다 / 고전하고 있다
企業(きぎょう)の課題(かだい)と将来性(しょうらいせい) 기업의 과제와 장래성	
業界(ぎょうかい)に関連(かんれん)した最近(さいきん)のニュース 업계에 관련된 최근 뉴스	
企業(きぎょう)が求(もと)める人材像(じんざいぞう) 기업이 추구하는 인재상	
社長(しゃちょう)や社員(しゃいん)の言葉(ことば)や企業理念(きぎょうりねん)を読(よ)んで共感(きょうかん)したところ 사장과 사원의 말 또는 기업이념을 읽고 공감한 점	

● 기업 ②

<table>
<tr><td>きぎょうめい
企業名
기업명</td><td colspan="4"></td></tr>
<tr><td>だいひょうしゃめい
代表者名
대표자명</td><td></td><td>せつりつねん
設立年
설립연도</td><td colspan="2"></td></tr>
<tr><td>しほんきん
資本金
자본금</td><td></td><td>けいじょうりえき
経常利益
경상이익</td><td colspan="2"></td></tr>
<tr><td rowspan="2">じゅうぎょういんすう
従業員数
종업원 수</td><td rowspan="2"></td><td rowspan="2">きゅうりょう
給料
급여</td><td>げっきゅう
月給 월급</td><td>しょうよ
賞与 상여</td></tr>
<tr><td></td><td></td></tr>
<tr><td>きぎょうりねん
企業理念
기업이념</td><td colspan="4"></td></tr>
<tr><td>おも しょうひん
主な商品・サービス
주요 상품·서비스</td><td colspan="4"></td></tr>
</table>

企業の現状 기업의 현황	売り上げが伸びている / 安定している / 低迷している 매출이 늘고 있다 / 안정되어 있다 / 고전하고 있다
企業の課題と将来性 기업의 과제와 장래성	
業界に関連した最近のニュース 업계에 관련된 최근 뉴스	
企業が求める人材像 기업이 추구하는 인재상	
社長や社員の言葉や企業理念を読んで共感したところ 사장과 사원의 말 또는 기업이념을 읽고 공감한 점	

3

직종 탐색

직종이란, 담당하는 '업무의 종류'를 말합니다. 직종에 따라서 업무 내용이 달라지기 때문에 자신에게 맞는 직종을 찾는 것이 중요합니다. 자신의 능력을 살릴 수 있는 직종 또는 자신이 바라는 라이프스타일을 추구할 수 있는 직종을 선택하는 것이 바람직합니다.

● 직종의 구분

系列(けいれつ) (계열)	**職種の例**(しょくしゅ れい) (직종의 예)
事務(じむ)・管理系(かんりけい) 사무·관리 계열	人事(じんじ) 인사、総務(そうむ) 총무、経理(けいり) 경리、秘書(ひしょ) 비서
企画系(きかくけい) 기획 계열	商品開発(しょうひんかいはつ) 상품개발、マーケティング 마케팅、宣伝(せんでん) 홍보
営業系(えいぎょうけい) 영업 계열	営業(えいぎょう) 영업、販売促進(はんばいそくしん) 판매촉진
技術(ぎじゅつ)・研究系(けんきゅうけい) 기술·연구 계열	設計(せっけい) 설계、技術開発(ぎじゅつかいはつ) 기술 개발、品質管理(ひんしつかんり) 품질관리
専門系(せんもんけい) 전문계열	教師(きょうし) 교사、通訳(つうやく) 통역、翻訳(ほんやく) 번역、コンサルタント 컨설턴트、看護師(かんごし) 간호사
販売(はんばい)・サービス系(けい) 판매·서비스 계열	スタッフ 스태프、店長(てんちょう) 점장、スーパーバイザー 슈퍼바이저
購買系(こうばいけい) 구매 계열	購買(こうばい) 구매、バイヤー 바이어
金融系(きんゆうけい) 금융 계열	資産運用(しさんうんよう)マネージャー 자산운용 매니저、トレーダー 트레이더
クリエイティブ系(けい) 크리에이티브 계열	記者(きしゃ) 기자、デザイナー 디자이너
IT系(けい) IT 계열	プログラマー 프로그래머、エンジニア 엔지니어

독립행정법인 일본학생지원기구 『외국인 유학생을 위한 취업 활동 가이드』에서 인용

● 관심 있는 직종과 그 직종을 희망하는 이유를 적어 봅시다.

希望(きぼう)の職種(しょくしゅ) (희망 직종)	希望(きぼう)の理由(りゆう) (희망 이유)
예 翻訳(ほんやく)や通訳(つうやく) 번역과 통역	예 日本語能力(にほんごのうりょく)が生(い)かせるから 일본어 능력을 살릴 수 있기 때문에

PART 3

글쓰기를 위한
일본어

1

어휘의 TPO

TPO란, 'Time, Place, Occasion'의 약자로 '시간·장소·상황에 맞는 복장이나 태도'를 의미합니다. 즉, 글을 쓸 때와 언어생활에 있어서 유념해야 하는 개념을 말합니다. 어휘에도 품격이 있습니다. 같은 의미라도 TPO에 맞춰서 적절한 어휘를 선택해야 합니다. 일상생활이나 사적인 대화에서 사용하는 '인포멀한 어휘'와 엔트리시트의 작성과 같이 격식을 갖추어 사용하는 '포멀한 어휘'를 구분하여 알아두는 것이 좋습니다.

의미	인포멀한 어휘	포멀한 어휘
나, 저	あたし、ぼく、おれ	わたし、私(わたくし)
어느 쪽	どっち	どちら
이런 / 그런 / 어떤	こんな / そんな / どんな	このような / そのような / どのような
여러 가지, 다양한	いろんな	いろいろな、様々(さまざま)な、多様(たよう)な
몹시, 매우	とっても、すごく	非常(ひじょう)に、極(きわ)めて、とても
가득, 많이	いっぱい、たくさん	数多(かずおお)く、多(おお)く
더, 나아가	もっと	さらに
점점	だんだん	次第(しだい)に
아마	たぶん	おそらく
역시	やっぱり、やっぱ	やはり
좀, 조금, 다소, 불과	ちょっと	少(すこ)し、少々(しょうしょう)、多少(たしょう)、わずか、やや
～같은, ～같이	～みたいな、～みたいに	~のような、～のように
～라든지, ～며	～とか	～や
～따위, ～ 등	～なんか	～など
왜	なんで	どうして、なぜ
그러나 / ～지만	でも / ～けど	しかし / ～が
때문에 (이유/원인)	だから、だって	そのため、それで

● 다음 문장에서 인포멀한 표현을 찾아 포멀한 표현으로 바꿔 보세요.

1. サークルの練習とか合宿とかの活動を成功させるため、人をいっぱい集める必要がありました。

➡ ______________________________

____

2. 試合には勝てませんでしたけど、こんな経験をしたことで 忍耐力を付けることができました。

➡ ______________________________

____

3. お客様から感謝の言葉をもらうようになり、だんだんやりがいを感じるようになりました。

➡ ______________________________

____

4. アルバイトをしていたコンビニは駅前の便利な場所にあり、すごくたくさんのお客さんが いらっしゃっていました。

➡ ______________________________

____

5. いろんなアルバイトを経験したことで、もっと柔軟で広い価値観を身につけることができました。

➡ ____

____

6. 今までみたいに受け身ではいけないと思い、どんなことも自分から声をかけて動くようにしました。

➡ ____

____

7. 僕は失敗をすることより、失敗を繰り返さないことが重要だと考えます。失敗した時には、なんで失敗したのか原因を徹底的に調べます。

➡ ____

____

새 단어 合宿 합숙　忍耐力 인내력　やりがい 보람　柔軟 유연　価値観 가치관　受け身 수동적
繰り返す 반복하다　徹底的に 철저하게

2

문말 표현의 TPO

일본어에는 2가지 문체가 있습니다. 리포트 또는 일기 등을 쓸 때 사용하는 '보통체'인 「だ체」와 메일 또는 편지 등에서 상대방에게 경의를 나타낼 때 사용하는 '정중체'인 「です/ます체」입니다. 보통체와 정중체의 활용을 비교해 봅시다.

품사	시제	보통체	정중체
동사	비 과거긍정	書(か)く	書(か)きます
	비 과거부정	書(か)かない	書(か)きません
	과거긍정	書(か)いた	書(か)きました
	과거부정	書(か)かなかった	書(か)きませんでした
い형용사	비 과거긍정	悪(わる)い	悪(わる)いです
	비 과거부정	悪(わる)くない	悪(わる)くありません
	과거긍정	悪(わる)かった	悪(わる)かったです
	과거부정	悪(わる)くなかった	悪(わる)くありませんでした
な형용사	비 과거긍정	暇(ひま)だ	暇(ひま)です
	비 과거부정	暇(ひま)ではない 暇(ひま)じゃない	暇(ひま)ではありません
	과거긍정	暇(ひま)だった	暇(ひま)でした
	과거부정	暇(ひま)ではなかった 暇(ひま)じゃなかった	暇(ひま)ではありませんでした

명사	비 과거긍정	夢(ゆめ)だ	夢(ゆめ)です
	비 과거부정	夢(ゆめ)ではない 夢(ゆめ)じゃない	夢(ゆめ)ではありません
	과거긍정	夢(ゆめ)だった	夢(ゆめ)でした
	과거부정	夢(ゆめ)ではなかった 夢(ゆめ)じゃなかった	夢(ゆめ)ではありませんでした

엔트리시트 작성 시, 사용하는 문체는 기업의 사내 분위기와 채용 담당자의 성향에 따라서 다르게 해석될 수 있으므로, 정중한 느낌을 전달하기 위한 '정중체'와 간결한 문장으로 강한 인상을 남길 수 있는 '보통체' 중 자신의 생각과 감정을 잘 전달할 수 있는 문체로 선택해서 사용하는 것이 좋습니다. 또한, 글자 수의 제한을 고려할 경우, 보통체는 정중체에 비해서 글자 수가 적기 때문에 많은 정보를 전달하고 싶은 경우에 적합합니다. 단, 두 문체를 섞어서 사용할 수 없으므로 한 가지의 문체로 통일해야 합니다. 또한, 부정문을 나타낼 때 보통체의 부정형에 「です」를 붙여서 그대로 「~ないです」로 표현하는 경우에는 인포멀한 인상을 줄 수 있으므로, 엔트리시트 작성 시 부정 표현은 정중체의 문말형식으로 통일해서 사용하는 것이 좋습니다.

書(か)かなかったです (인포멀) ➡ 書(か)きませんでした (포멀)

悪(わる)くなかったです (인포멀) ➡ 悪(わる)くありませんでした (포멀)

暇(ひま)じゃなかったです (인포멀) ➡ 暇(ひま)ではありませんでした (포멀)

夢(ゆめ)じゃなかったです (인포멀) ➡ 夢(ゆめ)ではありませんでした (포멀)

주의할 점으로, 엔트리시트에서는 일반적으로 인포멀한 느낌이 강한 「~ですね, ~ですよ, ~ですよね, ~ますね, ~ますよ, ~ますよね」와 같은 '종조사'와 「~ん(の)です」는 사용하지 않는 것이 좋습니다. 종조사나 「~ん(の)です」의 과다 사용 및 오용은 읽는 이에게 무례한 인상으로 인식될 수 있으므로 사용에 매우 유의해야 합니다.

● 다음 문장을 포멀한 문장으로 바꿔 보세요.

1. お客さんが少なく、売り上げも良くなかったです。

➡ ____

____

2. 私はもともと人と話すのが得意じゃなかったです。

➡ ____

____

3. 小説家になるのが夢だった。今までさまざまなジャンルの小説を読んできました。

➡ ____

____

4. 試合では、チームのために貢献することができなかったです。

➡ ____

____

5. ここ数年、中国や東南アジアでは韓国企業の活動が盛んですね。

➡ ____

____

6. 女性(じょせい)の社会参加(しゃかいさんか)が必要(ひつよう)だと思(おも)う。それで、ぜひ営業(えいぎょう)の仕事(しごと)をしてみたいんです。

➡ ______________________________

____

7. 大学(だいがく)では経済(けいざい)を専攻(せんこう)していたのだが、貴社(きしゃ)に入(はい)るため、副専攻(ふくせんこう)として日本語(にほんご)を始(はじ)めたんです。

➡ ______________________________

____

새 단어 売(う)り上(あ)げ 매상 ジャンル 장르 貢献(こうけん)する 공헌하다 盛(さか)ん 번성함

3

문장의 연결

채용 담당자는 엔트리시트 내용뿐만 아니라 글쓰기 능력도 함께 평가합니다. 문장을 연결할 때 사용하는 일본어의 「~て(で)형」은 문어체와 회화체에서 자주 사용됩니다. 하지만, 논문, 기사, 리포트 등과 같이 포멀한 글에서는 「~て(で)형」보다 연용중지형의 사용을 권합니다. 연용형 다음에 쉼표 「、」를 찍어서 표기하는 것을 '연용중지형'이라고 합니다. 연용중지형은 일단 서술을 한번 중지하고 문장을 계속 이어 나가는 기능이 있습니다. 「~て(で)형」보다 포멀한 표현인 연용중지형에 대해서 알아봅시다.

● 각 품사별 て(で)형과 연용중지형

	て(で) 형	연용중지형 – 긍정문	연용중지형 – 부정문
동사	行(い)って して 決(き)まっていて	行(い)き、 し、 決(き)まっており、	行(い)かず、 せず、 決(き)まっておらず、
い형용사	よくて	よく、	よくなく、
な형용사	複雑(ふくざつ)で	複雑(ふくざつ)で、	複雑(ふくざつ)ではなく、
명사	休(やす)みで	休(やす)みで、	休(やす)みではなく、

예 貴社(きしゃ)は新(あたら)しい事業(じぎょう)への挑戦(ちょうせん)を続(つづ)けていて、将来性(しょうらいせい)が期待(きたい)されています。

➡ 貴社(きしゃ)は新(あたら)しい事業(じぎょう)への挑戦(ちょうせん)を続(つづ)けており、将来性(しょうらいせい)が期待(きたい)されています。

귀사는 새로운 사업에 대한 도전을 계속하고 있으며, 장래성이 기대되고 있습니다.

事務職(じむしょく)じゃなくて、営業(えいぎょう)のような人(ひと)に接(せっ)する仕事(しごと)がしたいです。

➡ 事務職(じむしょく)ではなく、営業(えいぎょう)のような人(ひと)に接(せっ)する仕事(しごと)がしたいです。

사무직이 아니라, 영업과 같이 사람들을 대하는 일을 하고 싶습니다.

● 다음 문장을 연용중지형을 사용해서 포멀한 문장으로 바꿔 보세요.

1. 貴社は歴史が長くて、素晴らしい会社だと思います。

➡

2. 貴社の製品は韓国でも売り上げ1位を記録して、多くの人に愛されています。

➡

3. 貴社は海外にも展開していて、世界の発展に貢献しています。

➡

4. 人が集まらなくて、始めることができませんでした。

➡

5. この1年で、日本語力だけじゃなくて人間としても大きく成長できました。

➡

6. 日本語がなかなか上達しなくて、諦めそうになりました。

➡ ______________________________

____

7. 現状に満足しないで、常に新しいことにチャレンジしていくつもりです。

➡ ______________________________

____

새 단어 展開する 전개하다　上達する 능숙해지다, 향상되다　諦める 체념(단념)하다　現状 현상　常に 늘

チャレンジする 도전하다

4

글의 구성

문장 구성의 형식

논리적인 문장 구성의 3가지 형식을 알아봅시다.

(1) 두괄식 : 처음부터 결론을 제시한 후, 그 이유나 근거를 설명해 나가는 구성법

(2) 미괄식 : 처음에는 근거나 이유를 설명하고 끝에서 결론을 제시하는 구성법

(3) 쌍괄식 : 먼저 결론을 제시한 후, 근거를 보여주면서 마지막에 다시 한번 결론으로 마무리하는 구성법

일상 커뮤니케이션에서는 '미괄식'으로 전달할 때가 많지만, 비즈니스 커뮤니케이션에서는 '두괄식' 또는 '쌍괄식'이 바람직합니다. 그러므로 엔트리시트 작성 시에도 결론을 먼저 제시함으로써 의사 전달의 명확성에 중점을 둔 '두괄식' 또는 '쌍괄식'의 문장 구성을 추천합니다.

● 다음 A–1～A–3의 문장을 읽고 '두괄식, 미괄식, 쌍괄식'을 구분해 보세요.

Q. なぜ当社に志望しましたか。 왜 당사에 지원했습니까?

A-1. ___________

私が貴社を志望したのは、人々の安心安全な生活に貢献し、より信頼される鉄道会社にしたいと思ったからです。大学３年生の時、東京へワーキングホリデーに行きました。そこで、日本の鉄道の便利さと安全性に感動しました。貴社は輸送人員が世界一であるにもかかわらず、各地域まで時間通りに輸送しています。それは、社員の方々の安全に対する意識に支えられた結果だと思います。貴社に入社後は、サービスの質を高め、より信頼される会社作りに貢献したいと思います。

제가 귀사를 지망한 것은, 사람들이 안심하고 안전하게 생활하는 데에 공헌하고, 보다 신뢰받는 철도회사에 기여하고 싶어서입니다. 대학 3학년 때, 동경으로 워킹홀리데이를 갔습니다. 거기서, 일본 철도의 편리성과 안전성에 감동했습니다. 귀사는 수송인원이 세계 제일임에도 불구하고, 각 지역으로 시간표대로 정시에 수송하고 있습니다. 그것은, 사원분들의 안전에 대한 의식이 받쳐 준 결과라고 생각합니다. 귀사에 입사한 후에는 서비스의 질을 높이고, 보다 신뢰받는 회사가 될 수 있도록 공헌하고 싶습니다.

A-2.

私は大学３年生の時、東京へワーキングホリデーに行きました。そこで、韓国の調味料を買うのに苦労した経験があります。売っている場所も限られており、値段も韓国よりずっと高かったからです。韓国へ旅行に来る日本人観光客の目的の多くは、韓国料理を楽しむことだそうです。私は貴社で韓国の調味料を製造し、それを広く販売することで、日本の方々が日本で気軽に韓国料理を楽しむことができる社会にしたいと思い、志望いたしました。

저는 대학 3학년 때, 동경으로 워킹홀리데이를 갔습니다. 거기서, 한국의 조미료를 구하느라 고생한 경험이 있습니다. 파는 곳도 한정되어 있고, 가격도 한국보다 훨씬 비쌌기 때문입니다. 한국으로 여행 오는 일본인 관광객의 주된 목적은, 한국 음식을 즐기기 위해서라고 합니다. 저는 귀사에서 한국의 조미료를 제조하고, 그것을 널리 판매하여, 일본 분들이 일본에서도 가볍게 한국 음식을 즐길 수 있는 사회를 만들고 싶어서, 지원했습니다.

A-3. ___________

私が貴社を志望したのは、環境分野で社会に貢献したいと思ったからです。韓国では最近大気汚染がひどく、人々が安心して外で活動できない日が多くなっています。改善する方法はないかと調べていたところ、貴社の新エネルギー発電システムの記事を目にしました。貴社はすでに新エネルギー発電所を海外にも建設し、世界の環境保全に貢献しています。「技術が環境を守る」という企業理念のもと努力を続ける貴社の姿勢に共感し、それを世界に知らせたいと思い、貴社を志望しました。

제가 귀사에 지원한 것은, 환경 분야에서 사회에 공헌하고 싶기 때문입니다. 한국에서는 최근 대기오염이 심해서, 사람들이 안심하고 밖에서 활동할 수 없는 날이 많아지고 있습니다. 개선할 방법이 없을지 조사하던 중, 귀사의 신에너지 발전 시스템 기사를 보았습니다. 귀사는 이미 신에너지 발전소를 해외에도 건설하여, 세계의 환경 보전에 공헌하고 있습니다. '기술이 환경을 지킨다'라는 기업이념 하에 꾸준히 계속 노력하는 귀사의 자세에 공감하고, 그것을 세계에 알리고 싶어서, 귀사에 지원했습니다.

A-1, A-2, A-3의 지망 동기 가운데 읽기 편한 글은 어느 것입니까? ➡ ___________

엔트리시트의 문장 구성 패턴

● '열심히 노력한 일, 도전한 일'을 기술할 때

결론 → 배경 및 상황 설명 → 과제 발견, 목표 설정 → 행동으로 옮긴 것 → 결과 → 배운 점, 앞으로의 전망

결론 → 계기와 이유 → 과제 발견, 목표 설정 → 행동으로 옮긴 것 → 결과 → 배운 점, 앞으로의 전망

● '자기 PR, 장점'을 기술할 때

결론 → 그것을 뒷받침하는 에피소드(배경 및 상황 설명 → 과제 발견, 목표 설정 → 행동으로 옮긴 것 → 결과) → 배운 점, 앞으로의 전망

● '좌절 체험, 단점, 그룹에서의 역할'을 기술할 때

결론 → 배경 및 상황 설명 → 과제 발견, 목표 설정 → 행동으로 옮긴 것 → 결과 → 배운 점, 앞으로의 전망

● '주변 사람이 나를 어떤 사람으로 판단하는가?'를 기술할 때

결론 → 요인과 이유 → 그것을 뒷받침하는 에피소드(배경 및 상황 설명 → 행동으로 옮긴 것 → 결과) → 결론

● '지망 동기'를 기술할 때

결론 → 계기와 이유 → 왜 이 기업인가? → 입사 후의 포부

● '10년 후의 비전'을 기술할 때

결론 → 5년 후까지 쌓고 싶은 경험 → 10년 후까지 쌓고 싶은 경험 → 그렇게 되기 위해서 지금 준비하고 있는 것

1. 다음 문장을 '두괄식'으로 정렬해 보세요.

(　　　　) → (　　　　) → (　　　　) → (　　　　) → (　　　　) → (　　　　)

① 始めは一度に複数のお客様に対応できず、悔しい思いをしました。

② 私は作業スピードに自信があります。

③ お客様を待たせないように、効率よく動ける仕組みを考えました。

④ 大学 1 年生の時、レストランでアルバイトをしました。

⑤ その結果、同時に多くの作業ができるようになりました。

⑥ 私はこの長所を生かして、貴社の業務の効率化に貢献したいと思います。

새 단어 複数 복수　対応する 대응하다　作業 작업　効率よく 효율 좋게　仕組み 구조, 시스템　業務 업무

2. 다음 문장을 '쌍괄식'으로 정렬해 보세요.

(　　　　) → (　　　　) → (　　　　) → (　　　　) → (　　　　) → (　　　　)

① 相談(そうだん)されたら、解決方法(かいけつほうほう)を考(かんが)え、行動(こうどう)することができるからだと思(おも)います。

② 大学側(だいがくがわ)に提案(ていあん)を受(う)け入(い)れてもらい、自分(じぶん)や周囲(しゅうい)の人々(ひとびと)の健康(けんこう)を守(まも)ることができました。

③ インフルエンザが流行(りゅうこう)したとき、友人(ゆうじん)が教室(きょうしつ)で多(おお)くの人(ひと)と勉強(べんきょう)するのを不安(ふあん)がっていました。

④ このように、私(わたし)は問題(もんだい)を解決(かいけつ)するために行動(こうどう)できる人間(にんげん)です。

⑤ 私(わたし)は友人(ゆうじん)から頼(たよ)りになるとよく言(い)われます。

⑥ 私(わたし)は大学側(だいがくがわ)にマスクと殺菌用(さっきんよう)アルコールを教室(きょうしつ)の前(まえ)に置(お)くことを提案(ていあん)しました。

새 단어 提案(ていあん) 제안　受(う)け入(い)れる 받아들이다　流行(りゅうこう)する 유행하다　不安(ふあん)がる 불안해하다　頼(たよ)りになる 의지가 되다　殺菌(さっきん) 살균

5

접속사

접속사는 앞과 뒤의 문맥을 이해하기 쉽게 연결하며, 글을 전체적으로 조리 있게 통합하는 역할을 합니다. 제한된 글자 수 안에서 자신의 의견을 효율적으로 전달하기 위해서는 문맥의 흐름을 짜임새 있게 구성해야 하므로 올바른 접속사 사용이 중요합니다. 접속사를 과도하게 사용하면 글자 수를 낭비하게 되고 읽는 흐름을 방해할 수 있습니다. 또한 틀리기 쉬운 유사 접속사의 사용에도 주의가 필요합니다.

엔트리시트에서 자주 쓰는 접속사

기능	예
순접	そのため 그 때문에, 그래서 (목적/의도) それで 그래서 (원인/이유) そこで 그래서 (그에 대해서)
역접	しかし 그러나
첨가 부연	また 또 さらに 더욱이, 거듭 そして 그리고 それから 그러고 나서
예시 설명	例(たと)えば 예를 들면 具体的(ぐたいてき)には 구체적으로는 なぜなら 왜냐하면 実(じつ)は 실은

틀리기 쉬운 접속사

● そして *vs.* それから : 그리고 *vs.* 그러고 나서

「そして」와 「それから」는 모두 열거(추가)를 나타내지만, 「そして」에 비해 「それから」가 구어적 느낌이 강하므로, 열거(추가)의 의미로 사용할 경우에는 「そして」를 사용하는 것이 좋습니다.

そして	– 앞 문장과 관련되어 연이어 발생하는 일을 추가할 때 사용 – 앞 문장과 관련된 변화 및 행동의 추이와 귀결을 서술할 때 사용

예 環境問題への関心、そして、社会をよくしたいという使命感から、この業界を志望しました。

환경문제에 관심 → そして(추가해서) → 사회를 좋게 만들고 싶다는 사명감에서 이 업계를 지망함

目標を持って努力していきたいです。そして、貴社に貢献できる人材になりたいです。

목표를 갖고 노력 → そして(그 결과) → 귀사에 공헌할 수 있는 인재가 됨

それから	– 앞 문장에 이어서 순차적으로 다른 일이 발생할 때 사용 – 어떤 일이나 사항을 추가하여 말할 때 사용

예 試合に負けて初めて努力が足りなかったことに気がつきました。それから、私は努力では誰にも負けないように練習しました。

시합에 지고 나서 비로소 노력 부족을 깨달음 → それから(깨달은 후) → 누구에게도 지지 않도록 연습함

: 두 사건(두 문장)의 시간적 전후 관계가 중요한 요소이기 때문에 「そして」는 부자연스러움

大学の授業と資格の勉強、それから(そして) アルバイトを中心とした生活を送っていました。

학교 수업과 자격증 공부 → それから(추가해서) → 아르바이트를 중심으로 한 생활을 보내고 있었음

● そこで *vs.* それで : 그래서(그에 대해서) *vs.* 그래서(원인/이유)

「そこで」가 '~에 대해 무엇인가를 했다'라는 행동에 방점을 둔다면, 「それで」는 '~ 때문에' 라는 이유에 방점을 둡니다.

そこで
- 앞 문장을 전제로 의지적으로 일어난 행동을 나타낼 때 사용
- 「そこで」 뒤에는 주로 과거형이 옴

예 活動(かつどう)に積極的(せっきょくてき)でないメンバーにどう協力(きょうりょく)してもらうかが課題(かだい)でした。そこで、そのメンバーに活動(かつどう)の価値(かち)と重要性(じゅうようせい)を熱意(ねつい)を込(こ)めて伝(つた)えました。

[전제 상황] 멤버가 적극적으로 활동하지 않음 → そこで(그에 대한 행동 방안으로) → 그 멤버에게 활동의 가치와 중요성을 열의를 가지고 전달함

一日(いちにち)を充実(じゅうじつ)させるためには、朝(あさ)の時間(じかん)の使(つか)い方(かた)が重要(じゅうよう)だと考(かんが)えました。そこで、朝(あさ)6時(じ)に起(お)きて1時間(じかん)ジョギングする生活(せいかつ)を始(はじ)めました。

[전제 상황] 하루를 충실하게 보내기 위해서는 아침 시간의 활용이 중요하다고 생각함 → そこで(그에 대한 행동 방안으로) → 아침 6시에 일어나 한 시간 조깅으로 하루를 시작하기로 함

それで
- 앞 문장이 이유가 되어, 뒤 문장에 계속 영향을 미칠 때 사용
- 문장이 짧은 경우, 「それで」 대신 「ため」를 사용

예 お客様(きゃくさま)に無理(むり)な要求(ようきゅう)をされました。それで、その対応(たいおう)に困(こま)りました。

고객이 무리한 요구를 함 → それで(때문에) → 어떻게 응대할지 곤란했음

= お客様(きゃくさま)に無理(むり)な要求(ようきゅう)をされたため、その対応(たいおう)に困(こま)りました。

日本語(にほんご)に自信(じしん)がありませんでした。それで、通訳(つうやく)の仕事(しごと)を引(ひ)き受(う)ける勇気(ゆうき)がありませんでした。

일본어에 자신이 없음 → それで(때문에) → 통역 일을 맡을 용기가 없음

= 日本語(にほんご)に自信(じしん)がなかったため、通訳(つうやく)の仕事(しごと)を引(ひ)き受(う)ける勇気(ゆうき)がありませんでした。

● 다음 〈보기〉에서 괄호 안에 들어갈 알맞은 접속사를 찾아서 문장을 완성해 보세요.

보기

そこで	そして	そのため	それから
さらに	しかし	なぜなら	具体的には

1. その結果、クレームを８件から1件に減らすことができました。

   (　　　　　　　)、次の月にはサブリーダーに指名されました。

2. 自分の授業の改善を行いました。

   (　　　　　　　)、自分の授業をビデオに撮り、客観的に見直しました。

3. 私は心配症で間違いがないか繰り返し確認をします。

   (　　　　　　　)、作業が遅れてしまうことがあります。

4. 将来は海外で仕事をしたいと思いました。

   (　　　　　　　)、TOEIC 800点を目標に英語を勉強することにしました。

새 단어 クレーム 클레임, 불만　サブリーダー 부 지도자(서브 리더)　指名する 지명하다　改善 개선
見直す 재검토하다　心配症 염려증　繰り返し 반복

5. アイデアコンテストで賞をもらえるのは3人だけなので、入賞するのは難しいと思いました。(　　　　　　　　)、やる前から諦めたくないと思い、挑戦しました。

6. 正確さを重視して仕事を進めました。(　　　　　　　　)、速さを重視してミスをすれば、さらに時間がかかるからです。

7. 日本の新聞記事で勉強し、ＪＬＰＴ Ｎ１に合格しました。(　　　　　　　　)、日本のドラマを用いて聞き取りや会話の練習をし、日本語の能力を向上させました。

새 단어 アイデアコンテスト 아이디어 콘테스트　入賞する 입상하다　正確さ 정확함　重視する 중시하다　聞き取り 듣기　向上させる 향상시키다

PART

4

Chapter 1. 자기소개서 실전 연습

1. 당신의 장점을 알려 주세요.
2. 당신의 단점을 알려 주세요.
3. 자기를 PR해 주세요.
4. 학창시절에 가장 열심히 한 것은 무엇입니까?
5. 학창시절에 도전한 것은 무엇입니까?
6. 지금까지 좌절한 경험이 있습니까?
7. 주위 사람은 당신을 무엇이라고 부릅니까?
8. 당신이 속한 그룹에서 당신의 역할은 무엇입니까?
9. 당사를 지원한 이유는 무엇입니까?
10. 10년 후, 당사에서 어떤 일을 하고 있기를 바랍니까?

Chapter 2. 이력서 쓰기

1. 이력서 견본
2. 실전 이력서 쓰기

Chapter 3. 이메일로 자기소개서 및 이력서 보내기

1. 비즈니스 메일에서 자주 사용하는 표현
2. 메일로 엔트리시트 및 이력서 보내기
3. 면접 연락에 대한 메일 답신

도전!
자기소개서 & 이력서

❶ 당신의 장점을 알려 주세요.
❷ 당신의 단점을 알려 주세요.
❸ 자기를 PR해 주세요.
❹ 학창시절에 가장 열심히 한 것은 무엇입니까?
❺ 학창시절에 도전한 것은 무엇입니까?
❻ 지금까지 좌절한 경험이 있습니까?
❼ 주위 사람은 당신을 무엇이라고 부릅니까?
❽ 당신이 속한 그룹에서 당신의 역할은 무엇입니까?
❾ 당사를 지원한 이유는 무엇입니까?
❿ 10년 후, 당사에서 어떤 일을 하고 있기를 바랍니까?

Chapter

자기소개서 실전 연습

1

あなたの長所(ちょうしょ)を教(おし)えてください。

당신의 장점을 알려 주세요.

장점이란 '자신의 좋은 점'을 의미합니다. 다른 사람보다 뛰어난 점이 아닌, 자기 안에 있는 좋은 점을 의미하므로, 경험에 바탕을 둔 근거를 가지고 자신의 장점을 또렷하게 전달해야 합니다. 아울러 희망하는 기업의 채용 담당자에게 자신의 장점을 인상 깊게 전달하기 위해서는 논리적이고 명확한 단계별 문장 구성이 필요합니다.

☑ 기업이 '장점'을 묻는 의도

1. 자기 자신에 대해 객관적으로 파악하고 있는지 체크하기 위해서
2. 기업에서 활용할 수 있는 성질 또는 능력을 지니고 있는지 체크하기 위해서
3. 그 장점이 특정 공동체 외에 기업에서도 발휘가 가능한지 체크하기 위해서

말해 봅시다.

1. あなたの憧(あこが)れの人(ひと)はどんな性格(せいかく)ですか。

   당신이 동경하는 사람은 어떤 성격입니까?

2. あなたは自分(じぶん)のどんなところが好(す)きですか。

   당신은 자신의 어떤 점을 좋아합니까?

● 예문

(295 글자)

장점	私の長所は素直なところです。
장점을 발휘한 상황	私が居酒屋でアルバイトをしていた時、お客様から接客マナーについて注意されたことがありました。
어떻게 행동했나	マナーは身についていると思っていたため、そのお客様が間違っていると思いましたが、相手の言うことが正しいかもしれないと考え、自分の接客マナーを見直すことにしました。店長や先輩に見てもらい、悪いところは指摘してもらうようにお願いしました。
결과	その結果、別のお客様から接客が丁寧だと褒めていただくことができました。店長からも「接客が上手になった。素直に人の言うことが聞ける人だね。」と評価していただけました。
일에서 장점을 살리는 방법	入社後も、人の意見を取り入れながら日々成長できるように努力していきます。

새 단어 素直だ 순진/순수하다　居酒屋 선술집　接客マナー 접객 매너　身につく 몸에 배다, 익숙해지다
見直す 다시 보다　指摘する 지적하다　評価する 평가하다　取り入れる 받아들이다　日々 매일

해석

저의 장점은 순수함입니다. 제가 주점에서 아르바이트를 하고 있을 때, 손님으로부터 접객 매너에 대해 주의받은 적이 있었습니다. 제 스스로 매너는 몸에 배어 있다고 생각했기 때문에, 그 고객이 틀렸다고 생각했습니다만, 상대의 말이 맞을지도 모른다고 생각해서 제 자신의 접객 매너를 재고해 보기로 했습니다. 점장님이나 선배에게 보여 드리고, 나쁜 점은 지적해달라고 부탁드렸습니다. 그 결과, 다른 손님께서 접객 매너가 공손하다고 칭찬해 주셨습니다. 점장님도 '손님에 대한 응대가 좋아졌어. 다른 사람의 말을 순수하게 들을 수 있는 사람이네'라고 평가해 주셨습니다. 입사 후에도, 다른 사람의 의견을 받아들이면서 매일 성장할 수 있도록 노력해 나가겠습니다.

작문 포인트

● 목적을 나타내는 표현

1. [동사 사전형/명사 + の] ために : ~를 위해서

問題を解決するために、何度も会議を開いて話し合いました。

문제를 해결하기 위해서, 몇 번이나 회의를 열어 상의했습니다.

会話能力の向上のために、ドラマのせりふを繰り返し練習しました。

회화 능력의 향상을 위해서, 드라마 대사를 반복해서 연습했습니다.

2. [가능동사/동사 ない형/わかる/なる] ように : ~ 하도록

目標を達成できるように、粘り強く努力します。

목표를 달성할 수 있도록, 끈기 있게 노력합니다.

同じミスをしないように、注意点をメモしました。

같은 실수를 하지 않도록, 주의점을 메모했습니다.

TIP 1 「ために」 앞에는 '의지동사'가 오고, 「ように」 앞에는 '무의지동사'가 오는데, 부정형에서는 '무의지동사'와 '의지동사' 모두 위치할 수 있습니다.

TIP 2 ＊ 가능동사 만들기

Ⅰ그룹동사(5단 동사)	: 어미를 [e]단으로 바꾸고 + る	예 行く ➡ 行ける
Ⅱ그룹동사(1단 동사)	: 어미 る를 없애고 + られる	예 覚える ➡ 覚えられる
Ⅲ그룹동사(불규칙동사)	: 「する ➡ できる」「来る ➡ 来られる」	

새 단어 解決(かいけつ)する 해결하다　開(ひら)く 열다　話(はな)し合(あ)う 상의하다　向上(こうじょう) 향상　せりふ 대사　繰(く)り返(かえ)し 반복　達成(たっせい)する 달성하다　粘(ねば)り強(づよ)く 끈기 있게　努力(どりょく)する 노력하다　注意点(ちゅういてん) 주의점

연습 문제

1. 괄호 안에 「ために」 또는 「ように」를 넣어서 문장을 완성해 보세요.

(1) お客様の満足度を上げる(　　　　　)、アンケート調査をしました。

(2) 売り上げが上がる(　　　　　)、商品の配列を変えてみました。

(3) 要点がすぐわかる(　　　　　)、資料作りを工夫しました。

(4) 社会の(　　　　　)自分ができることは何かを探し、貢献していきたいです。

2. 다음 〈보기〉에서 알맞은 문장을 찾아서 문장을 완성해 보세요.

보기

ⓐ 目標が達成できる	ⓑ 夢を叶える
ⓒ いい先生になる	ⓓ 日本語が上手になる
ⓔ メンバーの役に立てる	ⓕ サークルをもっとよくする

(1) ______________________ ために、頑張っています。

(2) ______________________ ように、頑張っています。

새 단어 満足度 만족도　上げる 올리다　アンケート調査 설문조사　売り上げ 매상　上がる 오르다
配列 배열　要点 요점　資料作り 자료 작성　工夫する 궁리하다, 연구하다　貢献する 공헌하다
夢を叶える 꿈을 이루다

체크 리스트

● 자신의 장점에 해당하는 곳에 ☑ 표시해 보세요.

誠実(せいじつ)だ 성실하다	☐	素直(すなお)だ 순수하다	☐
活発(かっぱつ)だ 활발하다	☐	社交的(しゃこうてき)だ 사교적이다	☐
向上心(こうじょうしん)がある 향상심이 있다	☐	几帳面(きちょうめん)だ 꼼꼼하다	☐
負(ま)けず嫌(ぎら)いだ 지기를 싫어한다	☐	好奇心(こうきしん)が強(つよ)い 호기심이 강하다	☐
前向(まえむ)きだ / プラス思考(しこう)だ 긍정적이다 / 플러스적인 사고이다	☐	一度(いちど)決(き)めたら最後(さいご)までやり抜(ぬ)く 한번 결정하면 끝까지 해낸다	☐
冷静(れいせい)だ 냉정하다	☐	情熱的(じょうねつてき)だ 정열적이다	☐
責任感(せきにんかん)が強(つよ)い 책임감이 강하다	☐	リーダーシップがある 리더십이 있다	☐
行動力(こうどうりょく)がある 행동력이 있다	☐	チャレンジ精神(せいしん)がある 도전 정신이 있다	☐
協調性(きょうちょうせい)がある 협조성이 있다	☐	臨機応変(りんきおうへん)に動(うご)ける 임기응변에 강하다	☐
面倒見(めんどうみ)がいい 남을 잘 돌본다	☐	人(ひと)の話(はなし)をよく聞(き)ける 남의 이야기를 잘 들어준다	☐
深(ふか)く考(かんが)えることができる 깊게 사고할 수 있다	☐	人(ひと)を楽(たの)しませることができる 남을 즐겁게 할 수 있다	☐
人(ひと)を配慮(はいりょ)できる 남을 배려할 수 있다	☐	人見知(ひとみし)りしない 낯을 가리지 않는다	☐
理想(りそう)を捨(す)てない / 夢(ゆめ)を持(も)ち続(つづ)ける 이상을 버리지 않는다 / 꿈을 계속 지닌다	☐	偏見(へんけん)・先入観(せんにゅうかん)を持(も)たない 편견·선입관을 갖지 않는다	☐
その他(た) 기타 (　　　　　　　　　)	☐	その他(た) 기타 (　　　　　　　　　)	☐

● 체크한 장점 중, 구체적인 내용으로 기업에 제시할 수 있는 장점 하나를 적어 보세요.

※ 나의 장점 私(わたし)の長所(ちょうしょ)

패턴 문형 익히기 : 체크 리스트에서 선택한 장점을 각 단계별로 정리해 보세요.

1. あなたの長所(ちょうしょ)は何(なん)ですか。 당신의 장점은 무엇입니까?

① 私(わたし)の長所(ちょうしょ)は人(ひと)の話(はなし)をよく聞(き)き、相手(あいて)が求(もと)めていることを考(かんが)えられることです。

저의 장점은 남의 말을 잘 듣고, 상대가 원하는 바를 생각할 수 있는 것입니다.

② 私(わたし)の長所(ちょうしょ)は仕事(しごと)に対(たい)して情熱的(じょうねつてき)なところです。 저의 장점은 일에 있어서 정열적인 점입니다.

③ 私(わたし)は人(ひと)の気持(きも)ちや状況(じょうきょう)を判断(はんだん)し、必要(ひつよう)な行動(こうどう)を起(お)こすことができます。

저는 타인의 기분이나 상황을 판단하여, 필요한 행동을 취할 수 있습니다.

패턴

① 私(わたし)の長所(ちょうしょ)は～です。 저의 장점은 ~입니다.

② 私(わたし)の長所(ちょうしょ)は～ところです。 저의 장점은 ~ 점입니다.

③ 私(わたし)は～ことができます。 저는 ~할 수 있습니다.

• 자신의 답변을 만들어 보세요.

2. その長所を発揮したのはどんな時ですか。具体的な状況を教えてください。 어떤 때 그 장점을 발휘했습니까? 구체적인 상황을 알려 주세요.

① 私がこの長所を発揮したのは塾でアルバイトをしていた時です。

제가 이 장점을 발휘한 것은 학원에서 아르바이트를 하고 있었을 때입니다.

② 塾で講師としてアルバイトしていた時、学生が宿題をして来ないことがありました。

학원에서 강사로 아르바이트하고 있었을 때, 학생이 숙제를 해 오지 않은 적이 있었습니다.

③ 私は病院で看護実習を受けていました。当時、お年寄りとどんな会話をしたらいいかわかりませんでした。

저는 병원에서 간호 실습을 받고 있었습니다. 당시, 어르신과 어떤 대화를 하면 좋을지 몰랐습니다.

패턴

① 私がこの長所を発揮したのは～時です。
제가 이 장점을 발휘한 것은 ~ 때입니다.

② ～時、～ことが ありました。 ~때, ~한 적이 있었습니다.

③ ～で～。当時、～。 ~에서 ~. 당시, ~.

• 자신의 답변을 만들어 보세요.

3. その時、具体的にどんな行動をしましたか。

그때, 구체적으로 어떤 행동을 취했습니까?

① 一方的に指示しても相手は動かないと考え、自分から手本を見せることにしました。

일방적으로 지시해도 상대는 움직이지 않는다고 생각해서, 저부터 모범을 보이기로 했습니다.

② そこで、学生自ら勉強をしたいと思えるように勉強のメリットを情熱的に伝えました。

그래서, 학생 스스로 공부하고 싶다고 생각할 수 있도록 공부의 메리트를 정열적으로 전했습니다.

③ そこで、患者さんの出身地の方言を覚えることから始めました。

그래서, 환자분의 고향 사투리를 외우는 것부터 시작했습니다.

패턴

① **～と考え、～ことにしました。** ~라고 생각해서, ~하기로 했습니다.

② **そこで、～ように～。** 그래서, ~하도록 ~.

③ **そこで、～ことから始めました。** 그래서, ~ 것부터 시작했습니다.

• 자신의 답변을 만들어 보세요.

4. その結果、どうなりましたか。 그 결과, 어떻게 되었습니까?

① その結果、学生にきちんと宿題をさせることができました。

그 결과, 학생에게 제대로 숙제를 시킬 수 있었습니다.

② その結果、学生が自ら宿題をするようになりました。

그 결과, 학생이 스스로 숙제를 하게 되었습니다.

③ その結果、患者さんからあなたには相談しやすいと言っていただけました。

그 결과, 환자분이 당신과는 상담하기 편하다고 말해 주셨습니다.

패턴

① **その結果、～ことができました。** 그 결과, ~할 수 있었습니다.

② **その結果、～ようになりました。** 그 결과, ~하게 되었습니다.

③ **その結果、(人)から～てもらえました/ていただけました。**
그 결과, (사람)이 ~해 주었습니다/해 주셨습니다.

● 자신의 답변을 만들어 보세요.

5. その長所を仕事でどう生かせると思いますか。

그 장점을 업무에서 어떻게 살릴 수 있다고 생각합니까?

① 私は将来この長所を生かし、お客様の要望に応えられるように仕事をしていきたいです。저는 앞으로 이 장점을 살려서, 고객의 요구에 응할 수 있도록 일하고 싶습니다.

② 入社後も、この情熱的な性格を生かし、人を巻き込んで大きい仕事ができるように努力していきます。입사 후에도, 이 정열적인 성격을 살려서, 다른 사람과 더불어 큰일을 할 수 있도록 노력해가겠습니다.

③ 私のこの相手に合わせて対応できる力を貴社の営業に生かしたいです。

저의 이 상대에 맞춰서 응대할 수 있는 힘을 귀사의 영업에 살리고 싶습니다.

패턴

① 私は将来この長所を生かし、～ように仕事をしていきたいです。

저는 앞으로 이 장점을 살려, ~하도록 일하고 싶습니다.

② 入社後も、この(自分の長所)を生かし、～ように努力していきます。

입사 후에도, 이 (자신의 장점)을 살려서, ~하도록 노력해가겠습니다.

③ 私のこの(自分の長所)を貴社の～に生かしたいです。

저의 이 (장점)을 귀사의 ~에 살리고 싶습니다.

• 자신의 답변을 만들어 보세요.

정리하기

- 당신의 장점은 무엇입니까?

평가 리스트

5 : 매우 좋다　4 : 좋다　3 : 보통　2 : 좀 더 노력하자　1 : 노력이 필요

	체크 항목	평가
1	불필요한 것을 쓰지 않았는지	5 4 3 2 1
2	구체적으로 썼는지	5 4 3 2 1
3	기업에 어필하는 내용이 적절한지	5 4 3 2 1
4	인포멀한 단어를 쓰지 않았는지	5 4 3 2 1
5	정중체 또는 보통체로 통일되어 있는지	5 4 3 2 1
6	한자의 변환이 바른지 (동음이의어에 주의할 것)	5 4 3 2 1

※ 주의해야 할 한자 변환

● 한자의 동음이의어로 인해 변환 시, 틀리기 쉬운 어휘를 모아 정리해 둡시다.

한국어	일본어	주의할 어휘
관심	関心(かんしん)	感心(かんしん) 감탄
자신감	自信(じしん)	自身(じしん) 자기 자신
일본어학과	日本語学科(にほんごがっか)	学課(がっか) 학과(교육과정)
석사과정	修士課程(しゅうしかてい)	過程(かてい) 프로세스
수료	修了(しゅうりょう)	終了(しゅうりょう) 종료
의지	意志(いし)	意思(いし) 의사
인사과	人事課(じんじか)	※ 人事科(じんじか)로 쓰지 말 것
임하다	臨(のぞ)む	望(のぞ)む 원하다
지망	志望(しぼう)	死亡(しぼう) 사망、脂肪(しぼう) 지방
영화 감상	映画鑑賞(えいがかんしょう)	感想(かんそう) 인상, 느낌
지원	志願(しがん) application	支援(しえん) support

2

あなたの短所(たんしょ)を教(おし)えてください。

당신의 단점을 알려 주세요.

단점이란 '자신의 좋지 않은 점'을 의미합니다. 엔트리시트 또는 면접에서 단점을 완전히 배제하고 장점만을 말하는 것보다, 자신의 단점을 인정하고 개선하려는 모습이 좋은 점수를 얻을 수도 있으므로 과도하지 않은 내용으로 준비해 두는 것도 좋은 방법입니다.

기업이 '단점'을 묻는 의도

1. 자기 자신의 단점을 객관적으로 파악하고 있는지 체크하기 위해서
2. 말하고 싶지 않은 단점을 솔직하게 말할 수 있는 성실함과 순수함을 지니고 있는지 파악하기 위해서
3. 단점에 어떻게 대응하고 또 그것을 어떻게 개선하려는지 파악하기 위해서

말해 봅시다.

1. あなたは、欠点(けってん)が多(おお)い人(ひと)と欠点(けってん)が全(まった)くない人(ひと)と、どちらが好(す)きですか。

당신은, 결점이 많은 사람과 결점이 전혀 없는 사람 중, 어느 쪽을 좋아합니까?

2. あなたは自分(じぶん)のどんなところが嫌(きら)いですか。

당신은 자신의 어떤 점을 싫어합니까?

● 예문

(294 글자)

단점	私の短所は頑固なところです。
단점이 나온 상황	サークルでイベントを企画することになり、会議を開いた時に、私が提案した意見に反対するメンバーがいて、思わず喧嘩になってしまいました。
반성한 점과 배운 점	その後、その時のことを考えると、相手が反対意見を主張する理由もきちんと聞かずに自分の意見を通そうとしてしまったことが原因だったとわかり、深く反省しました。
단점의 개선책	今は、自分と違う意見が出た時には、どちらが組織にいい影響を与えることができるかというリーダーの視点で考えるようにしています。また、反対意見を言う時には、ストレートに否定するのではなく、一度相手の意見を受け入れる態度や言葉を示してから自分の意見を提示するように心がけています。

새 단어 頑固だ 완고하다　イベント 이벤트　企画する 기획하다　思わず 저도 모르게　組織 조직　視点 시점
ストレートに 직접적으로　受け入れる 받아들이다　心がける 유의하다　提示する 제시하다

해석

저의 단점은 완고함입니다. 동아리에서 이벤트를 기획하게 되어, 회의를 열었을 때, 제가 제안한 의견에 반대하는 회원이 있어서, 생각지도 않게 싸움으로 번진 적이 있습니다. 그 후, 그때의 일을 생각하면, 상대방이 반대 의견을 주장하는 이유도 제대로 묻지 않고 자신의 의견을 관철하고자 했던 것이 원인이었음을 깨닫고, 깊게 반성했습니다. 지금은, 자신과 다른 의견이 나왔을 때는, 어느 쪽이 조직에 좋은 영향을 미칠 수 있을까 하는 리더의 시점에서 생각하려고 합니다. 또, 반대 의견을 말할 때에는, 직접적으로 부정하는 것이 아니라, 한번 상대의 의견을 받아들이는 태도나 말을 보이고 나서 자신의 의견을 제시하도록 유의하고 있습니다.

작문 포인트

● 행동으로 옮길 것을 나타내는 표현

1. [동사 사전형/동사 ない형] ことにする : ~하기로 하다

様々な人と知り合いたいと思い、学外のサークルに参加することにしました。 다양한 사람과 알고 지내고 싶어서, 교외 서클에 참가하기로 했습니다.

このままでは目標に達しないと思い、やり方を見直すことにしました。

이대로는 목표에 도달하지 못할 것이라 생각하고, 방법을 재검토하기로 했습니다.

2. [동사 사전형/동사 ない형] ようにする : ~하도록 하다

月に1冊は本を読むようにしました。 한 달에 한 권은 책을 읽도록 했습니다.

疑問点は徹底的に調べるようにしています。 의문점은 철저하게 조사하도록 하고 있습니다.

TIP 1 「ことにする」는 '스스로 결정했음'을 나타내고, 「ようにする」는 '마음가짐이나 노력 중임'을 나타냅니다.

TIP 2 목적을 나타내는 「ように」의 앞에는 '무의지동사'가 오지만, 노력을 나타내는 「ようにする」의 앞에는 '의지동사'가 옵니다. (ように : 80p. 참고)

새 단어 知り合う 서로 알다　学外 학외(대학 외부), 교외　達する 도달하다, 달성하다　見直す 다시 보다, 재검토하다
徹底的に 철저히

연습 문제

1. 괄호 안에 「ことに」 또는 「ように」를 넣어서 문장을 완성해 보세요.

(1) 気(き)づいたことはすぐにメモをする(　　　　　)しました。

(2) 自信(じしん)はありませんでしたが、コールセンターの仕事(しごと)に挑戦(ちょうせん)する(　　　　　)しました。

(3) 短所(たんしょ)を改善(かいぜん)するため、人(ひと)の意見(いけん)を聞(き)く(　　　　　)しています。

(4) 日本(にほん)へ行(い)き、日本(にほん)の文化(ぶんか)を体験(たいけん)したいと思(おも)い、休学(きゅうがく)する(　　　　　)しました。

(5) お客様(きゃくさま)の意見(いけん)を把握(はあく)するため、アンケート調査(ちょうさ)をする(　　　　　)しました。

2. 다음 괄호 안에 들어갈 단어를 〈보기〉에서 골라 적절한 형태로 바꾸어 문장을 완성해 보세요.

보기

働(はたら)く　　考(かんが)える　　とる　　かける

(1) 人(ひと)に会(あ)ったときには、自分(じぶん)から声(こえ)を(　　　　　)ようにしています。

(2) 日本人(にほんじん)とコミュニケーションが(　　　　　)ように、毎日(まいにち)日本(にほん)のニュースを読(よ)んでいます。

(3) アルバイト先(さき)では、スタッフが気持(きも)ちよく(　　　　　)ように、進(すす)んで掃除(そうじ)をしています。

(4) 効率(こうりつ)よく動(うご)かなければならないため、優先順位(ゆうせんじゅんい)を(　　　　　)ようにしています。

새 단어

気(き)づく 알아차리다, 깨닫다　コールセンター 콜센터　改善(かいぜん)する 개선하다　体験(たいけん)する 체험하다
休学(きゅうがく)する 휴학하다　把握(はあく)する 파악하다　アルバイト先(さき) 아르바이트 근무처　進(すす)んで 자진하여
効率(こうりつ)よく 효율 좋게　優先順位(ゆうせんじゅんい) 우선순위

준비

단점에 대해서 말할 경우, 업무에 문제가 될 수 있는 '치명적인 단점'은 피하는 것이 좋습니다. 가능하면 '단점이지만 관점에 따라서 장점으로도 보이는 단점' 즉, 장점 뒤에 숨어 있는 단점으로 긍정적인 개선이 가능하고 업무에 문제 되지 않는 내용이 바람직합니다.

예 行動力(こうどうりょく)がある ⇔ せっかちで、細(こま)かいミスがある

행동력이 있다 [장점] 성급해서, 자잘한 실수가 있다 [단점]

計画性(けいかくせい)がある ⇔ 慎重(しんちょう)すぎて、新(あたら)しいことが始(はじ)められない

계획성이 있다 [장점] 너무 신중해서, 새로운 일을 시작하지 못한다 [단점]

● 자신의 '장점'과 '단점'을 적어 보세요.

장점		단점
	⇔	
	⇔	
	⇔	

체크 리스트

● 자신의 단점에 해당하는 곳에 ☑ 표시해 보세요.

自己主張が強い / 頑固だ 자기주장이 강하다 / 완고하다	☐
あきらめが悪い 쉽게 단념하지 못한다	☐
負けず嫌いだ 지기 싫어한다	☐
神経質で、細かい部分にこだわってしまう 신경질적이고, 사소한 부분에 구애받는다	☐
常に冷静で、感情を表に出せない 늘 냉정하고, 감정을 밖으로 나타내지 않는다	☐
完璧を求めすぎて無理をしてしまう 너무 완벽을 추구한 나머지 무리할 때가 있다	☐
準備が整う前に行動してしまう / せっかちだ 준비되기 전에 행동해 버린다 / 성급하다	☐
同時にいろいろなことに手をつけるため、精度が落ちてしまう 동시에 여러 가지 일에 착수하기 때문에, 일의 정밀도가 떨어진다	☐
慎重すぎて行動が遅い 지나치게 신중해서 행동이 느리다	☐
人から頼まれると断れない 다른 사람에게 부탁받으면 거절을 못 한다	☐
人の前で発表する時、完璧に見せたいと思うため、緊張しやすい 사람들 앞에서 발표할 때 완벽하게 보이고 싶어서, 쉽게 긴장한다	☐
楽観的すぎて、物事を調子よく考えてしまう 너무 낙관적이어서, 모든 것을 좋게 생각해 버린다	☐
心配症で、問題が起きた場合のことを考えすぎてしまう 걱정이 앞서는 성격이라서, 문제가 생겼을 경우를 미리 심각하게 생각한다	☐
自分に厳しいため、他人にも同じように厳しくしてしまう 자신한테 엄격하기 때문에, 남들에게도 똑같이 엄격하게 대한다	☐

● 체크한 단점 중, 구체적인 내용으로 기업에 제시할 수 있는 단점 하나를 적어 보세요.

※ 나의 단점 私の短所

패턴 문형 익히기 : 체크 리스트에서 선택한 단점을 각 단계별로 정리해 보세요.

1. あなたの短所(たんしょ)は何(なん)ですか。 당신의 단점은 무엇입니까?

① 私(わたし)の短所(たんしょ)は他(ほか)の人(ひと)にも強(つよ)い責任感(せきにんかん)で仕事(しごと)をすることを求(もと)めてしまうことです。

저의 단점은 남에게도 강한 책임감으로 일할 것을 요구하는 것입니다.

② 私(わたし)の短所(たんしょ)はせっかちなところです。 저의 단점은 성급한 점입니다.

③ 私(わたし)は自分(じぶん)の意見(いけん)を強(つよ)く言(い)ってしまうことがあります。

저는 내 의견을 강하게 말해 버리는 경우가 있습니다.

패턴

① 私(わたし)の短所(たんしょ)は～です。 저의 단점은 ~입니다.

② 私(わたし)の短所(たんしょ)は～ところです。 저의 단점은 ~ 점입니다.

③ 私(わたし)は～てしまうことがあります。 저는 ~해 버리는 경우가 있습니다.

• 자신의 답변을 만들어 보세요.

2. どんな時(とき)にその短所(たんしょ)が出(で)て、どんな問題(もんだい)が生(しょう)じましたか。

어떤 때에 그 단점이 나와서, 어떤 문제가 발생했습니까?

① アルバイトで仕事(しごと)を教(おし)える立場(たちば)になった時(とき)に、ミスをした後輩(こうはい)を責(せ)めてしまいまいました。아르바이트에서 일을 가르치는 입장이 되었을 때에, 실수를 한 후배를 꾸짖어 버렸습니다.

② 後輩(こうはい)の仕事(しごと)が遅(おそ)い時(とき)に、自分(じぶん)でやった方(ほう)が早(はや)いと思(おも)い、代(か)わりにやってしまうことがありました。후배가 하는 일이 느릴 때에, 제가 하는 편이 빠르다고 생각해서, 대신해 버릴 때가 있었습니다.

③ それにより、後輩(こうはい)がやめていくということが生(しょう)じていました。

그로 인해, 후배가 그만두고 나가는 일이 발생했습니다.

패턴

① ～時(とき)に、～てしまいまいました。 ~ 때에, ~해 버렸습니다.

② ～時(とき)に、～てしまうことがありました。 ~ 때에, ~해 버릴 때가 있었습니다.

③ それにより、～ということが生(しょう)じていました。
그로 인해, ~라는 일이 발생했습니다.

• 자신의 답변을 만들어 보세요.

3. その時に反省したことや学んだことは何ですか。

그때 반성한 점이나 배운 점은 무엇입니까?

① その後、私の忙しさから、後輩がわからないことを気軽に聞けなかったことが原因だったとわかり、深く反省しました。그 후, 저의 분주함으로, 후배가 모르는 것을 편하게 들어주지 못한것이 원인이었음을 알게 되어서, 깊이 반성하였습니다.

② しかし、大きい仕事をしていくためには、他の人との協力が必要だと気づきました。

그러나, 큰일을 해나가기 위해서는, 다른 사람과의 협력이 필요하다고 깨달았습니다.

③ この経験から、相手に言いたいことを伝えたいなら、まずは信頼関係を作らなければならないと学びました。이 경험으로, 상대방에게 하고 싶은 말을 전하고 싶으면, 우선 신뢰관계를 만들어야 한다고 배웠습니다.

패턴

① その後、～が原因だったとわかり、深く反省しました。

그 후, ~이 원인이었음을 알게 되어서, 깊이 반성하였습니다.

② しかし、～ためには、～と気づきました。그러나, ~ 위해서는, ~라고 깨달았습니다.

③ この経験から、～と学びました。이 경험으로, ~라고 배웠습니다.

• 자신의 답변을 만들어 보세요.

4. その短所を改善するために、気をつけていることや努力していることがありますか。 그 단점을 개선하기 위해서, 주의하거나 노력하는 점이 있습니까?

① 今は自分の任された仕事を責任持ってすることはもちろん、後輩の指導も責任を持ってするようにしています。 지금은 자신에게 주어진 일을 책임지고 하는 것은 물론, 후배 지도도 책임지고 하도록 하고 있습니다.

② この短所を改善するため、相手はできる人だと信頼するように心がけています。
이 단점을 개선하기 위하여, 상대는 할 수 있는 사람이라고 신뢰하도록 유념하고 있습니다.

③ その後、相手の立場に立って、物事を見るように気をつけています。
그 후, 상대의 입장에 서서, 사물을 보도록 주의하고 있습니다.

패턴

① 今は〜ようにしています。 지금은 ~하도록 하고 있습니다.

② この短所を改善するため、〜ように心がけています。
이 단점을 개선하기 위하여, ~하도록 유념하고 있습니다.

③ その後、〜ように気をつけています。 그 후, ~하도록 주의하고 있습니다.

• 자신의 답변을 만들어 보세요.

정리하기

- 당신의 단점은 무엇입니까?

평가 리스트

5 : 매우 좋다 4 : 좋다 3 : 보통 2 : 좀 더 노력하자 1 : 노력이 필요

	체크 항목	평가
1	불필요한 것을 쓰지 않았는지	5 4 3 2 1
2	구체적으로 썼는지	5 4 3 2 1
3	기업에 어필하는 내용이 적절한지	5 4 3 2 1
4	인포멀한 단어를 쓰지 않았는지	5 4 3 2 1
5	정중체 또는 보통체로 통일되어 있는지	5 4 3 2 1
6	한자의 변환이 바른지 (동음이의어에 주의할 것)	5 4 3 2 1

※ 틀리기 쉬운 '한국식 일본어(KOPANESE)'

핸드폰처럼 영어권에서는 뜻이 통하지 않는 한국식 영어를 콩글리시(Konglish)라고 하듯이 한국식 일본어를 의미하는 코패니즈(Kopanese)라는 조어도 있습니다. 같은 한자 언어권이라도 한국과 일본의 한자어 어휘는 조금씩 다르므로 단순히 직역해서는 코패니즈가 될 수도 있습니다. 틀리기 쉬운 어휘를 참고해 보세요.

한국어	일본어	한국어	일본어
한국 대학교	韓国大学(かんこくだいがく)	학원	塾(じゅく)
경영대학	経営学部(けいえいがくぶ)	시간표	時間割(じかんわり)
전문대학	短期大学(たんきだいがく)	유급	留年(りゅうねん)
석사과정	修士課程(しゅうしかてい)	재수생	浪人生(ろうにんせい)
세미나	ゼミ	재수하다 삼수하다	浪人(ろうにん)する / 二浪(にろう)する
MT	学科(がっか)やサークルの合宿(がっしゅく)	학창시절	学生時代(がくせいじだい)
조교	助手(じょしゅ)	등록금	学費(がくひ)
학점	単位(たんい)	수능시험	大学入学試験(だいがくにゅうがくしけん)
F 학점을 받다	単位(たんい)を落(お)とす	졸업 예정	卒業見込(そつぎょうみこ)み
자연계	理系(りけい)	장점	長所(ちょうしょ)
인문계	文系(ぶんけい)	단점	短所(たんしょ)
자원봉사	ボランティア	자격증	資格(しかく)
소통하다	コミュニケーションをとる	합격 통지	内定(ないてい)
성취감	達成感(たっせいかん)	고객	お客様(きゃくさま)

3

自己(じこ)PRをしてください。

자기를 PR해 주세요.

자기 PR이란 '자신의 강점을 부각시켜 알리는 것'을 의미합니다. 엔트리시트에서 지망 동기와 함께 항상 요구되는 질문이 바로 '자기 PR'입니다. 신입사원의 경우, 기업은 입사 후의 성장성을 기대하며 채용하는 것이므로 높은 스펙 또는 경험을 요구하지 않습니다. 그러므로 회사와 함께 성장할 수 있는 '신뢰성'과 회사에 공헌할 인재로서의 준비 자세가 되어있음을 보여주는 '진실함'을 바탕에 두고 자기 PR을 하는 것이 중요합니다.

기업이 '자기 PR'을 묻는 의도

1. 자기 자신의 능력을 객관적으로 파악하고 있는지 체크하기 위해서
2. 기업에서 활용할 수 있는 능력을 지니고 있는지 체크하기 위해서
3. '강점'이 특정 공동체 외에 기업에서도 발휘가 가능한지 체크하기 위해서

말해 봅시다.

1. あなたの特技(とくぎ)は何(なん)ですか。

당신의 특기는 무엇입니까?

2. 今(いま)まで何(なに)か賞(しょう)をもらったことがありますか。

지금까지 어떤 상을 받은 적이 있습니까?

● 예문

(396 글자)

강점	私は人の心を開き、相手の求めていることを引き出すのが得意です。
강점이 발휘된 상황 및 과제	服屋でアルバイトをしている時、お客様に服を買ってもらいたくて積極的に話しかけました。しかし、店員と話したがらない方が多く、コミュニケーションをとることが困難でした。
어떻게 행동·해결했나	そこで、話しやすい雰囲気を作ろうと考え、以下の３つのことを意識しました。１つ目はお客様が望む距離を保つことです。お客様の視線や動きから、お客様が望む距離感を把握しました。２つ目はお客様への共感です。要望や不安に共感することで、お客様の心を開きやすくしました。３つ目は自分が店を好きになることです。人の気持ちは相手に伝わるため、私が楽しく仕事をすることで、お客様も楽しく買い物ができると考えました。
결과	その結果、私が話しかけると会話に応じてくれるお客様が増え、お客様の要望に沿った商品を提案できるようになりました。
그후의 전망	私はこの人の心を開く力を貴社の業務に生かしていきたいです。

새 단어 求める 구하다　引き出す 끌어내다　コミュニケーションをとる 커뮤니케이션을 취하다　望む 바라다
保つ 유지하다　視線 시선　動き 움직임　把握する 파악하다　共感 공감　要望 요망, 요구　応じる 응하다
沿う 따르다　業務 업무

해석

저는 사람의 마음을 열어, 상대방이 원하는 바를 끌어내는 것이 특기입니다. 옷 가게에서 아르바이트를 했을 때, 손님에게 옷을 팔고 싶어서 적극적으로 말을 걸었습니다. 그러나 점원과 이야기하고 싶어 하지 않는 분이 많아서, 커뮤니케이션을 취하기가 어려웠습니다. 그래서, 말하기 편한 분위기를 만들고자, 다음의 3가지를 신경 썼습니다. 첫 번째는 손님이 원하는 거리를 유지하는 것입니다. 손님의 시선이나 움직임으로, 손님이 원하는 거리감을 파악했습니다. 두 번째는 고객에 대한 공감입니다. 고객의 희망 사항이나 불안에 공감함으로써, 손님의 마음을 쉽게 열도록 했습니다. 세 번째는 나 자신부터 가게를 좋아하는 것입니다. 사람의 마음은 상대방에게 전해지기 때문에, 제가 즐겁게 일하면, 손님도 즐겁게 쇼핑할 수 있을 것이라고 생각했습니다. 그 결과, 제가 말을 걸면 대화에 응해 주는 손님이 늘고, 손님의 요구에 맞춘 상품을 제안할 수 있게 되었습니다. 저는 이러한 사람의 마음을 여는 힘을 귀사의 업무에 활용하고 싶습니다.

작문 포인트

● 변화를 나타내는 표현

1. [동사 사전형/동사 ない형] ことになった : ~하게 되었다

希望者(きぼうしゃ)がおらず、私(わたし)が担当(たんとう)することになりました。

희망자가 없어서, 제가 담당하게 되었습니다.

店長(てんちょう)に頼(たの)まれて、アルバイトを続(つづ)けることになりました。

점장의 부탁을 받고, 아르바이트를 계속하게 되었습니다.

TIP 앞에서 설명한 「ことにする」는 '자신의 의사로 결정한 일'을 표현하는 데 반해, 「ことになった」는 '다른 사람에 의해서 결정된 일이나 결과적으로 그렇게 된 일'을 나타냅니다. (ことにする : 92p. 참고)

2. [가능동사/동사 사전형] ようになった : ~하게 되었다

会議(かいぎ)などで意見(いけん)を言(い)うのが苦手(にがて)でしたが、意見(いけん)が言(い)えるようになりました。 회의 등에서 의견을 말하는 것이 몹시 서툴렀지만, 의견을 말할 수 있게 되었습니다.

チームの一員(いちいん)としてどう行動(こうどう)すべきかを考(かんが)えるようになりました。

팀의 일원으로서 어떻게 행동해야 할지를 생각하게 되었습니다.

TIP 「[가능동사] ようになった」는 '능력의 변화'를 나타내는 데 반해, 「[동사 사전형] ようになった」는 '습관의 변화'를 나타내며 그 앞에는 '의지동사'가 옵니다. 「~ようになった」 앞에 '부정형'이 오는 경우는 「~ないようになった」가 아니라, 「~なくなった」형이 많이 사용됩니다.

예 계속할 수 없게 되었다 ➡ 続(つづ)けられないようになった (×) 続(つづ)けられなくなった (○)

아울러 한국어의 「알게 되었습니다」는 「わかるようになりました」가 아니라, 「わかりました」로 표현되어야 하므로, 주의하세요.

새 단어 向上(こうじょう) 향상 接客(せっきゃく) 접객 一員(いちいん) 일원

연습 문제

1. 괄호 안에 「ことになりました」 또는 「ようになりました」를 넣어서 문장을 완성해 보세요.

(1) 新しい知識を身につけることが楽しいと思える(　　　　　　　　　　)。

(2) 将来は出版業界で働きたいという夢を持つ(　　　　　　　　　　)。

(3) ソウル大会で優勝し、全国大会に出場する(　　　　　　　　　　)。

(4) その結果、メンバーが意欲的に練習に参加してくれる(　　　　　　　　　　)。

2. 다음 괄호 안에 들어갈 단어를 〈보기〉에서 골라 적절한 형태로 바꾸어 문장을 완성해 보세요.

보기

話す　　来る　　処理する　　組み立てる

(1) 幼い頃から機械に興味があり、中学生の時には自分でパソコンが(　　　　　　)ようになりました。

(2) 私が制作しているラジオ番組に少しずつメールが(　　　　　　)ようになりました。

(3) 初めての仕事で慣れませんでしたが、２か月で先輩と同じように(　　　　　　)ようになりました。

(4) 知らない人とでも緊張せずに(　　　　　　)ようになりました。

새 단어 身につける 배워서 내 것으로 만들다　出版 출판　出場する 참가(출전)하다　意欲的に 의욕적으로　制作する 제작하다　番組 프로그램　慣れる 익숙해지다　処理する 처리하다　緊張する 긴장하다

체크 리스트

● 36페이지 1번에서 기입한 사회인 기초력(강점)을 다시 한번 여기에 적어 보세요.

➡ ______________________________

● 자신의 강점에 해당하는 곳에 ☑ 표시해 보세요.

コミュニケーション能力がある 커뮤니케이션 능력이 있다	☐	粘り強い / 忍耐力がある 끈기 있다 / 인내력이 있다	☐
協調性がある 협조를 잘한다	☐	課題解決力がある 과제해결 능력이 있다	☐
リーダーシップがある 리더십이 있다	☐	責任感がある 책임감이 있다	☐
チャレンジ精神がある 도전정신이 있다	☐	臨機応変に対応できる 임기응변에 대응할 수 있다	☐
自己管理力がある 자기관리 능력이 있다	☐	決断力がある 결단력이 있다	☐
チームワークが得意だ 팀워크에 자신 있다	☐	継続力がある 지구력이 있다	☐
論理的に考えることができる 논리적으로 사고할 수 있다	☐	調査能力・分析能力がある 조사 능력·분석 능력이 있다	☐
発想力がある 발상력이 있다	☐	観察力がある 관찰력이 있다	☐
集中力がある 집중력이 있다	☐	体力がある 체력이 있다	☐
専門分野の知識・経験がある 전문분야의 지식·경험이 있다	☐	専門分野の資格を持っている 전문분야의 자격을 가지고 있다	☐
ＴＯＥＩＣ６００点以上の英語力がある TOEIC 600점 이상의 영어 실력이 있다	☐	ＪＬＰＴのＮ１またはＮ２レベルの日本語力がある。 JLPT의 N1 또는 N2 레벨의 일본어 실력이 있다	☐
その他 기타 ( )	☐	その他 기타 ( )	☐

● 위에서 기입한 강점 중, 구체적인 내용으로 기업에 제시할 수 있는 강점 하나를 적어 보세요.

※ 나의 강점 私の強み

패턴 문형 익히기 : 체크 리스트에서 선택한 강점을 각 단계별로 정리해 보세요.

1. あなたの強(つよ)みは何(なん)ですか。 당신의 강점은 무엇입니까?

① 私(わたし)の強(つよ)みはチームの問題(もんだい)を積極的(せっきょくてき)に解決(かいけつ)に導(みちび)くリーダーシップがあることです。

저의 강점은 팀 문제를 적극적으로 해결해 나가는 리더십입니다.

② 私(わたし)は粘(ねば)り強(づよ)く努力(どりょく)することができます。 저는 끈기 있게 노력할 수 있습니다.

③ 私(わたし)は周囲(しゅうい)の人(ひと)と関係(かんけい)を築(きず)くのが得意(とくい)です。 저는 주변 사람들과 관계를 구축하는 것을 특히 잘합니다.

패턴

① 私(わたし)の強(つよ)みは〜です。 저의 강점은 ~입니다.

② 私(わたし)は〜ことができます。 저는 ~할 수 있습니다.

③ 私(わたし)は〜が得意(とくい)です。 저는 ~을 특히 잘합니다.

- 자신의 답변을 만들어 보세요.

2. その強みを発揮したのはどんな時ですか。具体的な状況を教えてください。 그 강점을 발휘한 것은 어떤 때입니까? 구체적인 상황을 알려 주세요.

① 所属しているダンスサークルで部長をしていました。当時、毎回サークルに来る人は固定メンバーだけでした。 소속된 댄스 서클에서 부장을 맡고 있었습니다. 당시, 매번 서클에 오는 사람은 고정 멤버뿐이었습니다.

② 大学２年生の時、所属するサークルがソウル市のイベントに出ることになりました。しかし、練習にメンバー全員を集めることが困難でした。 대학교 2학년생 때, 소속된 서클이 서울시 이벤트에 나가게 되었습니다. 그러나, 연습에 멤버 모두를 모으는 것이 어려웠습니다.

③ その力を発揮したのはＴＯＥＩＣの点数を４００点から８３０点に上げた経験です。 그 힘을 발휘한 것은 TOEIC 점수를 400점에서 830점으로 올린 경험입니다.

패턴

① **～で～。当時、～は～でした。** ~에서 ~. 당시, ~은 ~었습니다.

② **～時、～。しかし、～が困難でした。** ~ 때, ~. 그러나, ~ 이 어려웠습니다.

③ **その力を発揮したのは～経験です。** 그 힘을 발휘한 것은 ~ 경험입니다.

- 자신의 답변을 만들어 보세요.

3. その時、どんな目標を立て、どんな行動をしましたか。

그때, 어떤 목표를 세우고, 어떤 행동을 취했습니까?

① そこで、どのメンバーも楽しめるように積極的にメンバーに話しかけました。

그래서, 모든 멤버가 즐길 수 있도록 적극적으로 멤버에게 말을 걸었습니다.

② そこで、多くのメンバーに参加してもらいたいと考え、以下の３つ(２つ)のことに取り組みました。１つ目は全てのメンバーとコミュニケーションをとることです。

그래서, 많은 멤버가 참가해 주었으면 좋겠다고 생각해서, 이하의 3가지(2가지)에 매진했습니다. 첫 번째는 모든 멤버와 커뮤니케이션을 하는 것입니다.

③ 英語は自分に必要ないと思いましたが、自分の能力に限界を設けるのはよくないと考え、TOEIC ８００点を目標に勉強することにしました。영어는 자신에게 필요 없다고 생각했지만, 자신의 능력에 한계를 두는 것은 좋지 않다고 생각해서, TOEIC 800점을 목표로 공부하기로 했습니다.

패턴

① **そこで、～ように～。** 그래서, ~하도록 ~.

② **そこで、～と考え、以下の３つ(２つ)のことに取り組みました。１つ目は～です。** 그래서, ~라고 생각해서, 이하의 3가지(2가지)에 매진했습니다. 첫 번째는 ~입니다.

③ **～と考え、～ことにしました。** ~라고 생각해서, ~하기로 했습니다.

• 자신의 답변을 만들어 보세요.

4. その結果(けっか)、どうなりましたか。 그 결과, 어떻게 되었습니까?

① その結果(けっか)、参加率(さんかりつ)の悪(わる)かったメンバーが来(き)てくれるようになりました。

그 결과, 참가율이 나빴던 멤버가 와 주게 되었습니다.

② その結果(けっか)、メンバーからあなたが部長(ぶちょう)でよかったと言(い)ってもらえました。

그 결과, 멤버가 당신이 부장이라서 좋았다고 말해 주었습니다.

③ その結果(けっか)、目標以上(もくひょういじょう)の点数(てんすう)を取(と)ることができました。

그 결과, 목표 이상의 점수를 딸 수 있었습니다.

패턴

① その結果(けっか)、～ようになりました。 그 결과, ~하게 되었습니다.

② その結果(けっか)、(人(ひと))から～てもらえました / ていただけました。
그 결과, (사람)이 ~해 주었습니다/해 주셨습니다.

③ その結果(けっか)、～ことができました。 그 결과, ~ 할 수 있었습니다.

• 자신의 답변을 만들어 보세요.

5. その強みを仕事でどう生かせると思いますか。

그 강점을 일에서 어떻게 살릴 수 있다고 생각합니까?

① 私のこの率先して行動するリーダーシップを貴社の業務に生かしたいです。

저의 이 솔선해서 행동하는 리더십을 귀사의 업무에 활용하고 싶습니다.

② 私はこのチームのために動ける力で、貴社に貢献したいと思います。

저는 이 팀을 위해 행동할 수 있는 힘으로, 귀사에 공헌하고 싶습니다.

③ 入社後も、この粘り強さを生かし、どんな仕事でも成果を出せるように努力していきます。 입사 후에도, 이 끈기를 살려서, 어떤 일이라도 성과를 낼 수 있도록 노력해 나가겠습니다.

패턴

① **私のこの(自分の強み)を貴社の業務に生かしたいです。**
저의 이 ~ (자신의 강점) ~을 귀사의 업무에 활용하고 싶습니다.

② **私はこの(自分の強み)で、貴社に貢献したいと思います。**
저는 이 ~ (자신의 강점) ~으로, 귀사에 공헌하고 싶습니다.

③ **入社後も、この(自分の強み)を生かし、~ように努力していきます。**
입사 후에도, 이 ~ (자신의 강점) ~을 살려서, ~하도록 노력해 나가겠습니다.

• 자신의 답변을 만들어 보세요.

정리하기

● 당신의 강점은 무엇입니까?

평가 리스트

5 : 매우 좋다　4 : 좋다　3 : 보통　2 : 좀 더 노력하자　1 : 노력이 필요

	체크 항목	평가
1	불필요한 것을 쓰지 않았는지	5 4 3 2 1
2	구체적으로 썼는지	5 4 3 2 1
3	기업에 어필하는 내용이 적절한지	5 4 3 2 1
4	인포멀한 단어를 쓰지 않았는지	5 4 3 2 1
5	정중체 또는 보통체로 통일되어 있는지	5 4 3 2 1
6	한자의 변환이 바른지 (동음이의어에 주의할 것)	5 4 3 2 1

※ 자기 PR의 포인트

자기 PR은, 기업에게 자신의 강점이 될 만한 '경험, 전문성, 가치관' 등을 전달하여 나의 가치를 높게 알리는 것입니다. 아래 표는 2018년에 일본 경제단체연합회*가 「기업이 신입사원에게 요구하는 능력」을 조사한 결과입니다. 업무마다 요구되는 능력은 다르지만, 상위에 위치해 있는 '커뮤니케이션 능력, 주체성, 도전정신, 협조성' 등은 기업뿐만 아니라 어느 분야에서나 요구되는 능력입니다. 기업이 신입사원에게 요구하는 능력을 미리 파악하여 자기 PR에 활용해 봅시다.

* 일본 경제단체연합회 : 한국의 전경련에 해당하는 단체

〈기업이 신입사원에게 요구하는 능력〉

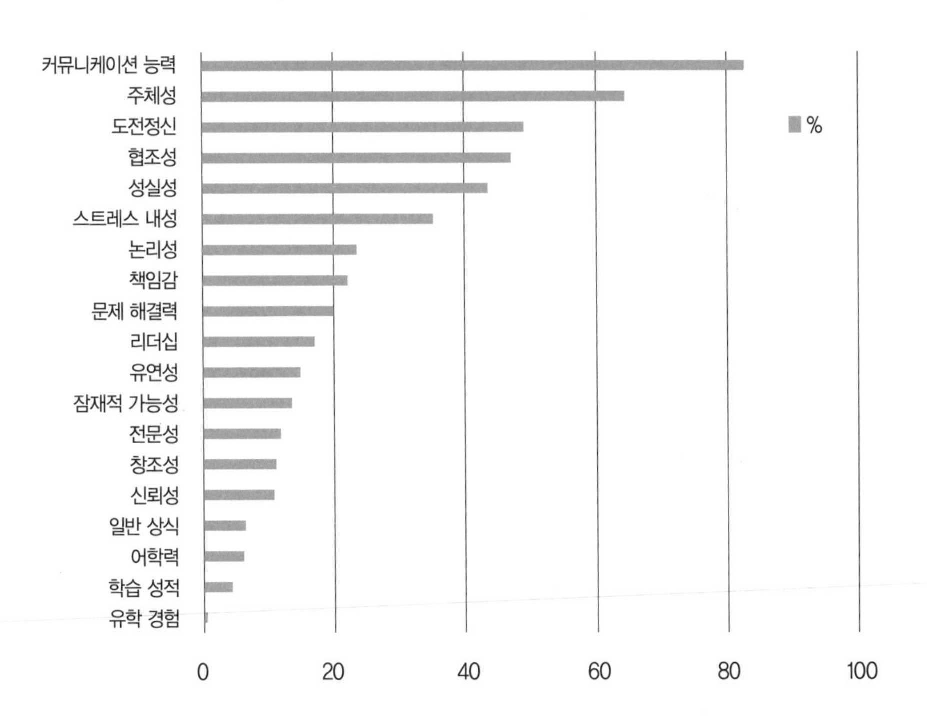

4 学生時代に一番頑張ったことは何ですか。

학창시절에 가장 열심히 한 것은 무엇입니까?

'학창시절 열심히 한 일'은 엔트리시트나 면접에서 반드시 묻는 질문입니다. 이때, 기업은 어떤 활동(아르바이트, 봉사 활동 등)을 했는지에 관심이 있는것이 아닙니다. 그 상황에서 필사적으로 대처하는 모습에서 그 사람의 '인품과 가능성'을 엿보기 위한 의도입니다. 그러므로 기업의 질문 의도를 정확히 파악하고 '대처 자세 및 행동과 성장한 모습'에 대한 내용을 표현하는 것이 좋습니다.

☑ 기업이 '학창시절에 가장 열심히 노력한 일'을 묻는 의도

1. 어떤 일에 필사적으로 대처하는 자세에서 그 사람의 인품과 가능성을 파악하기 위해서
2. 어떤 일에 열정을 바칠 수 있는지 동기부여의 원천을 파악하기 위해서
3. 목표와 과제를 달성하기 위해서 어떤 노력과 행동을 하는 사람인지 파악하기 위해서
4. 주어진 과제를 개인적으로 대처하는지 아니면, 다른 이들과의 협력 속에서 해결하는지 파악하기 위해서
5. 회사에서 업무상 활약이 가능한지, 성장해 나갈 인재인지 파악하기 위해서

말해 봅시다.

1. 入学前に想像していた大学生活と実際の大学生活は何が違いますか。

입학 전에 상상하고 있었던 대학 생활과 실제 대학 생활은 무엇이 다릅니까?

____

____

2. 今までの大学生活を振り返って、一番最初に頭に浮かぶことは何ですか。

지금까지의 대학 생활을 돌아보면, 가장 먼저 떠오르는 것은 무엇입니까?

____

____

● 예문

(351 글자)

노력한 일	学生時代に力を入れたことは、学生記者の活動です。
매진한 이유	多くの人に私が書いた文章を読んでもらいたいと思い、挑戦しました。
목표 설정	信頼される記事を書くためには取材が重要だと考え、５０人に取材をすることを目標にして取り組みました。
어떻게 행동·해결했나	そこで、取材相手が喜ぶことをしようと考え、次の２つのことを実行しました。１つ目は相手のいい所を探すことです。相手の考え方や行動を積極的に褒めました。２つ目は完成した記事を相手に送ることです。きれいに写真を撮って、記念になるような記事にしました。
결과	その結果、取材相手に喜んでいただき、次の取材相手も紹介してもらうことができました。そして、目標の５０人に取材することができました。
배운 점	私はこの経験を通し、多くの人とつながるためには、相手のために自分ができることを考え、行動することが重要だと学びました。

새 단어 記者 기자　挑戦する 도전하다　信頼する 신뢰하다　取材 취재　取り組む 매진하다

つながる 연결되다, 이어지다

해석

학창시절에 주력한 일은 학생기자 활동입니다. 많은 사람이 제가 쓴 글을 읽어 주기를 바라며, 도전하기로 했습니다. 신뢰받는 기사를 쓰기 위해서는 취재가 중요하다고 생각해, 50명 취재를 목표로 매진했습니다. 그래서 취재 상대를 기쁘게 하고자, 다음 2가지를 실행했습니다. 첫째는 상대의 좋은 점을 찾는 것입니다. 상대의 가치관이나 행동을 적극적으로 칭찬했습니다. 둘째는 완성된 기사를 상대에게 보내는 일입니다. 예쁘게 사진을 찍어서, 기념될 만한 기사로 보냈습니다. 그 결과, 취재 상대가 기뻐해 주시고, 다음 취재 상대까지 소개받을 수 있었습니다. 그리고, 목표로 한 50명을 취재할 수 있었습니다. 저는 이 경험을 통해서, 많은 사람과 인맥을 쌓기 위해서는 상대를 위하여 제가 할 수 있는 일을 생각하고 행동하는 것이 중요하다고 배웠습니다.

작문 포인트

● 의지를 나타내는 표현

1. [동사 의지형] と思う / と考える : ~하려고 생각하다

先輩の指導方法を学ぼうと思い、先輩から直接考え方ややり方を聞きました。 선배의 지도 방법을 배우려고 생각해서, 선배로부터 직접 가치관이나 실행 방법을 들었습니다.

ＩＴ業界で働きたかったため、情報処理技術者の資格を取ろうと考えました。 IT 업계에서 일하고 싶었기 때문에, 정보처리 기술자 자격증을 취득하려고 생각했습니다.

TIP ＊ 동사 의지형 만들기

Ⅰ그룹동사(5단 동사)	: 어미를 [o]단으로 바꾸고 + う	예 行く ➡ 行こう
Ⅱ그룹동사(1단 동사)	: 어미의 る를 없애고 + よう	예 覚える ➡ 覚えよう
Ⅲ그룹동사(불규칙동사)	: 「する ➡ しよう」「来る ➡ 来よう」	

2. [동사 사전형/동사 ない형] つもりだ : ~ 할 생각이다

今後も継続的に交流を続けていくつもりです。

앞으로도 지속적으로 교류를 계속해 갈 생각입니다.

目標達成のためには、努力を惜しまないつもりです。

목표 달성을 위해서는 노력을 아끼지 않을 생각입니다.

TIP 「~つもりです」가 「[의지형] と思う」에 비해서 보다 강한 의지를 표현합니다.

새 단어 指導 지도 直接 직접 やり方 하는 방법 情報処理技術者 정보처리 기술자 資格を取る 자격증을 취득하다 継続的に 계속적으로 交流 교류 達成 달성 惜しむ 아끼다

연습 문제

1. 다음 괄호 안에 들어갈 단어를 〈보기〉에서 골라 적절한 형태로 바꾸어 문장을 완성해 보세요.

보기

目指す(めざす)　稼ぐ(かせぐ)　高める(たかめる)　立ち上げる(たちあげる)

(1) 生活費(せいかつひ)を自分(じぶん)で(　　　　)と考え(かんがえ)、家庭教師(かていきょうし)のアルバイトを始め(はじめ)ました。

(2) 中学生(ちゅうがくせい)の時(とき)から関心(かんしん)があったWebデザイナーを(　　　　)と考え(かんがえ)ました。

(3) 入り(はいり)たいサークルがなかったため、自分(じぶん)で(　　　　)と思い(おもい)ました。

(4) 自分(じぶん)の能力(のうりょく)を(　　　　)と思い(おもい)、挑戦(ちょうせん)することにしました。

2. 다음 괄호 안에 들어갈 단어를 〈보기〉에서 골라 적절한 형태로 바꾸어 문장을 완성해 보세요.

보기

負ける(まける)　取り組む(とりくむ)　増やす(ふやす)　帰る(かえる)

(1) 今後(こんご)、初対面(しょたいめん)の人(ひと)に会い(あい)に行く(いく)機会(きかい)をさらに(　　　　)つもりです。

(2) どんな仕事(しごと)にも積極的(せっきょくてき)に(　　　　)つもりです。

(3) 可能(かのう)な限り(かぎり)貴社(きしゃ)で働き続け(はたらきつづけ)、韓国(かんこく)には(　　　　)つもりです。

(4) 専攻分野(せんこうぶんや)に対(たい)する情熱(じょうねつ)では誰(だれ)にも(　　　　)つもりです。

새 단어
目指す(めざす) 지향하다　稼ぐ(かせぐ) 돈을 벌다　高める(たかめる) 높이다　立ち上げる(たちあげる) (조직을) 창설하다　生活費(せいかつひ) 생활비
家庭教師(かていきょうし) 가정교사　Webデザイナー 웹디자이너　初対面(しょたいめん) 첫 대면　機会(きかい) 기회　さらに 더욱
可能な限り(かのうなかぎり) 가능한 한　情熱(じょうねつ) 정열

워크시트

학창시절에서 열심히 한 일은 무엇입니까? 시간을 들여 도전한 일이 있습니까? 생각나는 것을 모두 워크시트에 적어 봅시다.

	頑張(がんば)ったこと (열심히 노력한 일)
大学(だいがく)の授業(じゅぎょう) 대학 수업	예 卒業展示会(そつぎょうてんじかい)に出(だ)す作品(さくひん)を１年(ねん)かけて作(つく)り、高(たか)い点数(てんすう)をもらった。 졸업전시회에 낼 작품을 1년 들여 만들어서, 높은 점수를 받았다.
資格(しかく)の取得(しゅとく) 자격증 취득	예 英語(えいご)を毎日(まいにち)３時間以上勉強(じかんいじょうべんきょう)し、ＴＯＥＩＣで９００点(てん)を取(と)った。 영어를 매일 3시간 이상 공부해서, TOEIC 900점을 받았다.
サークル活動(かつどう) 동아리 활동	예 野球部(やきゅうぶ)のキャッチャーとして、試合(しあい)で勝(か)つために一生懸命練習(いっしょうけんめいれんしゅう)した。 야구부의 포수로 시합에서 이기기 위해서, 열심히 연습했다.
アルバイト 아르바이트	예 カフェでのアルバイト。勉強(べんきょう)と両立(りょうりつ)しながら２年続(ねんつづ)けた。 카페 아르바이트. 공부와 병행하면서 2년간 계속했다.

ボランティア 자원봉사	예 地下鉄で道案内のボランティアをした。 지하철에서 길 안내 자원봉사를 했다.
留学生活 유학 생활	예 ワーキングホリデーで1年大阪へ行った。特に、日本人の友達を作ることに力を入れた。 워킹홀리데이로 1년간 오사카에 갔다. 특히, 일본인 친구 사귀기에 주력했다.
人間関係 인간관계	예 今まで父親とあまり話さなかったが、関係をよくしようと思い、仕事について父親に相談するようにした。以前より尊敬できるようになった。 지금까지 아버지와 그다지 말하지 않았지만, 관계를 좋게 하고자, 일에 대해서 아버지와 상담하도록 했다. 이전보다 존경할 수 있게 되었다.
その他 기타	

● 노력의 과정이나 배운 점 등 자신의 사회인 기초력을 적극적으로 어필할 수 있는 것 하나를 적어 보세요.

※ 열심히 노력한 일 頑張ったこと

패턴 문형 익히기 : 워크시트를 바탕으로 패턴 문형을 활용한 답변을 만들어 보세요.

1. 学生時代（がくせいじだい）に力（ちから）を入（い）れたことは何（なん）ですか。 학창시절에 주력한 일은 무엇입니까?

① 学生時代（がくせいじだい）に最（もっと）も打（う）ち込（こ）んだことは**国際交流（こくさいこうりゅう）**です。

학창시절에 가장 열중한 일은 **국제교류**입니다.

② 学生時代（がくせいじだい）に力（ちから）を入（い）れたことは**国際感覚（こくさいかんかく）を身（み）につけること**です。

학창시절에 주력한 일은 **국제 감각을 익히는 것**입니다.

③ 私（わたし）は**唐辛子（とうがらし）の発酵成分（はっこうせいぶん）の研究（けんきゅう）**に力（ちから）を入（い）れて取（と）り組（く）みました。

저는 **고추의 발효 성분 연구**에 주력해 매진했습니다.

패턴

① 学生時代（がくせいじだい）に最（もっと）も打（う）ち込（こ）んだことは～です。 학창시절에 가장 열중한 일은 ~입니다.

② 学生時代（がくせいじだい）に力（ちから）を入（い）れたことは～です。 학창시절에 주력한 일은 ~입니다.

③ 私（わたし）は～に力（ちから）を入（い）れて取（と）り組（く）みました。 저는 ~에 주력해 매진했습니다.

• 자신의 답변을 만들어 보세요.

2. どうして（と）それに取り組もうと（おも）思いましたか。または、その（とき）時の（じょうきょう）状況について（せつめい）説明してください。 왜 그것에 매진하려고 했습니까? 또는, 그때의 상황에 대해 설명해 주세요.

① 将来（しょうらい）は世界（せかい）で活躍（かつやく）したいと思（おも）い、まずは自分（じぶん）が世界（せかい）を知（し）る必要（ひつよう）があると考（かんが）えました。

장래는 세계에서 활약하고 싶다고 생각해서, 우선은 자신이 세계를 알 필요가 있다고 생각했습니다.

② 唐辛子（とうがらし）を研究対象（けんきゅうたいしょう）にした理由（りゆう）は、韓国料理（かんこくりょうり）を健康食品（けんこうしょくひん）として世界（せかい）に広（ひろ）めたいと考（かんが）えていたからです。 고춧가루를 연구 대상으로 한 이유는, 한국요리를 건강식품으로 세계에 알리고 싶다고 생각하고 있었기 때문입니다.

③ キムチが世界（せかい）で愛（あい）されていることから、唐辛子（とうがらし）の研究（けんきゅう）をしてみたいと思（おも）いました。

김치가 세계에서 사랑받고 있는 이유로, 고춧가루를 연구해 보고 싶다고 생각했습니다.

패턴

① **～たいと思（おも）い、～。** ~하고 싶다고 생각해서, ~.

② **～た理由（りゆう）は、～からです。** ~ 한 이유는, ~ 때문입니다.

③ **～ことから、～。** ~ 이유로, ~.

TIP 교육실습과 같이 교육과정에서 어떠한 일을 의무적으로 하게 되는 경우, 그 일을 하게 된 이유 대신 그때의 상황을 설명하는 것이 더 좋습니다.

• 자신의 답변을 만들어 보세요.

3. その時、どんな目標を立てましたか。または、どんな課題がありましたか。 그때, 어떤 목표를 세웠습니까? 또는, 어떤 과제가 있었습니까?

① 世界を知るためには自分の価値観を広げる必要があると考え、様々な国の友達を作ることにしました。 세계를 알기 위해서는 자신의 가치관을 넓힐 필요가 있다고 생각해서, 여러 나라의 친구를 만들기로 했습니다.

② 目標にしていたことは、あらゆる可能性に取り組み、妥協しないことです。
목표로 했던 것은, 모든 가능성에 집중하며, 타협하지 않는 것입니다.

③ その際、一番困難だったことは分析機器の購入です。
그때, 가장 곤란했던 것은 분석 기기의 구입이었습니다.

패턴

① ～ためには～と考え、～ことにしました。
～하기 위해서는 ~라고 생각해서, ~하기로 했습니다.

② 目標にしていたことは、～です。 목표로 했던 것은, ~입니다.

③ その際、一番困難だったことは～です。 그때, 가장 곤란했던 것은 ~입니다.

- 자신의 답변을 만들어 보세요.

4. それをどう達成・解決しましたか。 그것을 어떻게 달성·해결했습니까?

① そこで、インタビューシートを作って、相手の考えを聞くことから始めました。

그래서, 인터뷰 시트를 만들어서, 상대의 생각을 묻는 것부터 시작했습니다.

② 本当の友達になるためにはどちらかが我慢する関係はよくないと考え、次の３つ(２つ)のことを実行しました。１つ目は率直に相手の考えを聞くことです。

진정한 친구가 되기 위해서는 어느 한 쪽이 참는 관계는 좋지 않다고 생각하고, 다음의 3가지(2가지) 일을 실행했습니다. 첫 번째는 솔직하게 상대의 생각을 묻는 것입니다.

③ 私はこの目標を達成するために、可能性のある方法を紙に書き出し、一つずつ試すことにしました。 저는 이 목표를 달성하기 위해서, 가능성 있는 방법을 종이에 적고, 하나씩 시도하기로 했습니다.

패턴

① そこで、～ことから始めました。 그래서, ~ 것부터 시작했습니다.

② ～ためには～と考え、次の３つ(２つ)のことを実行しました。
１つ目は～です。 ~하기 위해서는 ~라고 생각하고, 다음의 3가지(2가지) 일을 실행했습니다.
첫 번째는 ~입니다.

③ 私はこの目標を達成するために、～ことにしました。
저는 이 목표를 달성하기 위해서, ~하기로 했습니다.

• 자신의 답변을 만들어 보세요.

5. その結果、どうなりましたか。 그 결과, 어떻게 되었습니까?

① その結果、さまざまな考え方があることを知り、自分の価値観を広げることができました。그 결과, 다양한 사고방식이 있음을 알고, 자신의 가치관을 넓힐 수 있었습니다.

② その結果、指導教授から研究者に向いていると言っていただけました。
그 결과, 지도 교수님이 연구자로 적합하다고 말씀해 주셨습니다.

③ その結果、堂々と自信を持って発表することができ、研究の楽しさを感じました。
그 결과, 당당하게 자신을 갖고 발표할 수 있어서, 연구의 즐거움을 느꼈습니다.

패턴

① その結果、～ことができました。 그 결과, ~할 수 있었습니다.

② その結果、(人)から ～てもらえました/ていただけました。
그 결과, (사람)이 ~해 주었습니다/해 주셨습니다.

③ その結果、～ことができ、～を感じました。
그 결과, ~할 수 있어서, ~을 느꼈습니다.

• 자신의 답변을 만들어 보세요.

6. この経験(けいけん)から何(なに)を学(まな)びましたか。 이 경험에서 무엇을 배웠습니까?

① 私(わたし)はこの経験(けいけん)を通(とお)して、人(ひと)を先入観(せんにゅうかん)で判断(はんだん)するのではなく、まずは相手(あいて)を知(し)ろうとすることが重要(じゅうよう)だと学(まな)びました。 저는 이 경험을 통해서, 남을 선입견으로 판단할 것이 아니라, 우선은 상대를 알려고 하는 것이 중요하다고 배웠습니다.

② 私(わたし)はこの経験(けいけん)によって、一(ひと)つ一(ひと)つ確実(かくじつ)に進(すす)めていく忍耐力(にんたいりょく)を身(み)につけました。

저는 이 경험으로 인해서, 하나하나 확실하게 추진해 가는 인내력을 갖추었습니다.

패턴

① 私(わたし)はこの経験(けいけん)を通(とお)して、～が重要(じゅうよう)だと学(まな)びました。
저는 이 경험을 통해서, ~이 중요하다고 배웠습니다.

② 私(わたし)はこの経験(けいけん)によって、～を身(み)につけました。
저는 이 경험으로 인해서, ~을 갖추었습니다.

TIP 여기서 묻고 있는 「배운 점」에서는 사회인으로서 학습된 당연한 내용은 쓰지 않는 것이 좋습니다. 예를 들면, '차별하는 것은 좋지 않다고 배웠습니다'라든지 '목표를 달성하기 위해서는 노력이 중요하다는 것을 알았습니다'와 같은 답변보다는 구체적으로 업무에서 도움이 되는 내용을 배웠다고 표현하는 것이 좋습니다.

• 자신의 답변을 만들어 보세요.

정리하기

- 학창시절에 가장 노력을 한 일은 무엇입니까?

평가 리스트

5 : 매우 좋다 4 : 좋다 3 : 보통 2 : 좀 더 노력하자 1 : 노력이 필요

	체크 항목	평가
1	불필요한 것을 쓰지 않았는지	5 4 3 2 1
2	구체적으로 썼는지	5 4 3 2 1
3	기업에 어필하는 내용이 적절한지	5 4 3 2 1
4	인포멀한 단어를 쓰지 않았는지	5 4 3 2 1
5	정중체 또는 보통체로 통일되어 있는지	5 4 3 2 1
6	한자의 변환이 바른지 (동음이의어에 주의할 것)	5 4 3 2 1

※ 엔트리시트에서 사용되는 부사

엔트리시트 작성 시, 상투적인 표현 및 추상적인 어휘는 자제하는 것이 좋습니다. 예를 들어 '너무, 매우, 몹시, 여러 가지, 잘'과 같은 부사들은 구체적인 이미지를 전달하기 어렵습니다. 그러므로, 고유명사 또는 숫자 등의 구체적인 표현 방식으로 기재하는 것이 효율적입니다.

한국어	일본어	한국어	일본어
자주, 잘	よく	착실하게	地道(じみち)に
보다	より	성실하게	真面目(まじめ)に
그다지	あまり	꾸밈없이	素直(すなお)に
특히	特(とく)に	냉정하게	冷静(れいせい)に
제일 / 가장	一番(いちばん) / 最(もっと)も	절대로	絶対(ぜったい)に
꼭, 반드시	必(かなら)ず	완벽하게	完璧(かんぺき)に
항상	常(つね)に	진지하게	真剣(しんけん)に
전혀	全(まった)く	딱 들어맞게	的確(てきかく)に
매우 / 몹시	とても / 非常(ひじょう)に	확실하게	確実(かくじつ)に
더욱, 게다가	さらに	최대한으로	最大限(さいだいげん)に
좀처럼(+ 부정문)	なかなか	주체적으로	主体的(しゅたいてき)に
처음으로	初(はじ)めて	적극적으로	積極的(せっきょくてき)に
전력으로	全力(ぜんりょく)で	자발적으로	自発的(じはつてき)に
끈기 있게	粘(ねば)り強(づよ)く	우선적으로	優先的(ゆうせんてき)に

5 学生時代に挑戦したことは何ですか。

がくせいじだい ちょうせん なん

학창시절에 도전한 것은 무엇입니까?

기업의 질문 의도는 스스로 과제를 발견하고 목표를 설정한 후, 힘들다고 포기하지 않고 목표 달성을 위해서 어떻게 행동했는지를 파악하기 위해서입니다. '무엇에 도전했는지' 보다 '도전 이유와 달성 과정'이 잘 전달될 수 있도록 준비해 보세요.

기업이 '학창시절에 도전한 것'을 묻는 의도

1. 높은 목표를 세우고 노력하는 타입인지 파악하기 위해서
2. 어떤 일에 필사적으로 대처하는 자세에서 그 사람의 인품과 가능성을 파악하기 위해서
3. 목표와 과제를 달성하기 위해서 어떤 노력과 행동을 하는 사람인지 파악하기 위해서
4. 주어진 과제를 개인적으로 대처하는지 아니면, 다른 이들과의 협력 속에서 해결하는지 파악하기 위해서
5. 회사에서 업무상 활약이 가능한지, 성장해 나갈 인재인지 파악하기 위해서

말해 봅시다.

1. 死ぬまでにやってみたいことがありますか。(し)

죽기 전에 해 보고 싶은 일이 있습니까?

2. 何かを新しく始める時、十分に調べてから始めますか。それとも、考えずに始める方ですか。(なに あたら はじ とき じゅうぶん しら はじ かんが はじ ほう)

무엇인가를 새로 시작할 때, 충분히 조사하고 나서 시작합니까? 아니면, 생각하지 않고 시작하는 편입니까?

● 예문

(400 글자)

도전한 일	学生時代に挑戦したことは、ベンチャー企業でＷｅｂマーケティングを担当したことです。
도전한 이유	ＩＴ業界の仕事をよく知りたいと思い、インターンシップに参加しました。
곤란했던 과제	当時、私はＩＴの勉強をしていたものの、Ｗｅｂマーケティングの知識が全くなく、何をどうすればいいかわからない状況でした。
어떻게 행동·해결했나	しかし、いい仕事をして貢献したいという気持ちが強く、以下の２つのことを実行しました。１つ目はＷｅｂデザインの勉強です。先輩社員にいい参考書を聞き、仕事の後や休日に勉強をしました。２つ目は成功しているＷｅｂサイトの分析です。自社のサイトに足りないものは何かを調べました。
결과	その結果、私の提案を企業に採用していただくことができました。
배운 점	私はこの経験を通して、知らないからできないと諦めるのではなく、知らなくてもできることを探し、行動し続ければ、企業に貢献できると学びました。
입사 후 전망	この「できること」を探し続ける姿勢を貴社でも生かしていきたいです。

새 단어 ベンチャー企業 벤처기업　Web マーケティング 웹 마케팅　IT 業界 IT 업계　インターンシップ 인턴십　知識 지식　状況 상황　貢献する 공헌하다　Web サイト 웹사이트　自社 자사　採用する 채용하다　姿勢 자세

해석

학창시절에 도전한 것은, 벤처기업에서 웹 마케팅 업무를 담당한 것입니다. IT 업계에 관련된 일을 잘 알고 싶어서, 인턴십에 참가했습니다. 당시, 저는 IT에 관련된 공부를 하고 있었지만, 웹 마케팅에 대한 지식이 전혀 없어서, 무엇을 어떻게 해야 할지 모르는 상황이었습니다. 그러나, 좋은 일을 해서 공헌하고 싶은 마음이 간절해서, 아래와 같이 2가지 일을 실행했습니다. 첫 번째는 웹 디자인 공부입니다. 선배 사원에게 좋은 참고서를 물어보고, 업무 후나 공휴일에 공부를 했습니다. 두 번째는 성공한 웹사이트의 분석입니다. 자사 사이트의 부족한 점이 무엇인지를 조사했습니다. 그 결과, 저의 제안을 기업이 채택해 주었습니다. 저는 이 경험을 통해서, 몰라서 할 수 없다고 단념하는 것이 아니라, 몰라도 할 수 있는 일을 찾아서, 계속 행동하면, 기업에 공헌할 수 있다고 배웠습니다. 이런 '할 수 있는 일'을 계속 찾아가는 자세를 귀사에서도 살려 가고 싶습니다.

작문 포인트

● 역접을 나타내는 표현

1. [보통형/な形 어간 + な] ものの : ~지만

やるとは言(い)ったものの、期限(きげん)までにできるか自信(じしん)がありませんでした。

한다고는 말했지만, 기한 전까지 할 수 있을지 자신이 없었습니다.

店(みせ)に来(き)てくれる人(ひと)は多(おお)いものの、買(か)ってくれる人(ひと)はほとんどいませんでした。 가게에 와주는 사람은 많지만, 사주는 사람은 거의 없었습니다.

TIP 「~ものの」는 「~(です/ます)が」에 비해서 딱딱한 표현입니다.

2. [동사 보통형/い形 보통형/な形 어간·명사 + である] にもかかわらず : ~에도 불구하고

一生懸命勉強(いっしょうけんめいべんきょう)したにもかかわらず、いい結果(けっか)は取(と)れませんでした。

열심히 공부했음에도 불구하고, 좋은 결과는 얻지 못했습니다.

他(ほか)の店(みせ)に比(くら)べて安(やす)いにもかかわらず、あまり売(う)れませんでした。

다른 가게에 비해서, 저렴함에도 불구하고, 그다지 팔리지 않았습니다.

TIP 「~にもかかわらず」는 「~のに」와 같은 의미지만, 「~のに」가 유감이라는 주관적인 뉘앙스를 표현하는 것에 반해, 「~にもかかわらず」는 객관적인 기분을 나타내기 때문에 엔트리시트에서는 「~にもかかわらず」 표현을 권장합니다.

새 단어 期限(きげん) 기한

연습 문제

1. 「ものの」를 사용해서, 두 문장을 한 문장으로 만들어 보세요.

(1) 挑戦はします。＋ 長く続けることが困難でした。

➡ ____________________

(2) 私は人見知りしません。＋ 大勢の前で発表するのが苦手でした。

➡ ____________________

(3) 当時はメンバーが少なかったです。＋ 今は３０人に増えました。

➡ ____________________

(4) やってみました。＋ うまくいきませんでした。

➡ ____________________

2. 「にもかかわらず」를 사용해서, 두 문장을 한 문장으로 만들어 보세요.

(1) 日本語学科に入学しました。＋ 日本語能力が思ったほど伸びませんでした。

➡ ____________________

(2) 日本語がまだ下手です。＋ 店長は私に接客を任せてくださいました。

➡ ____________________

(3) リーダーシップがあります。＋ 部長の役割を引き受けてくれませんでした。

➡ ____________________

(4) 海外に支社がありません。＋ 海外での知名度が高いです。

➡ ____________________

새 단어 人見知りする 낯가림을 하다　思ったほど 생각만큼　伸びる 발전하다　接客 접객　任せる 맡기다　役割 역할　引き受ける 떠맡다　支社 지사　知名度 지명도

워크시트

학창시절 또는 졸업 후, 도전한 일은 무엇입니까? 워크시트에 적어 보세요.

	挑戦したこと (도전한 일)
大学の授業 대학 수업	예 奨学金をもらうことを目標に、勉強を頑張った。 장학금 받는 것을 목표로, 공부를 열심히 했다.
資格の取得 자격증 취득	예 TOEIC 400点くらいの能力しかなかったが、900点を目標にして勉強した。 TOEIC 400점 정도의 능력밖에 없었지만, 900점을 목표로 공부했다.
サークル活動 동아리 활동	예 人前で話すことが苦手だったが、興味のあった放送部に勇気を出して入った。 남 앞에서 말하는 것이 서툴렀으나, 관심 있었던 방송부에 용기를 내어 들어갔다.
アルバイト 아르바이트	예 大学の学費をすべて自分で出すと決めて、一生懸命働いた。 대학 학비를 전부 내 힘으로 낸다고 결심해서, 열심히 일했다.

ボランティア 자원봉사	예 お年寄りの福祉施設に行き、話し相手になった。自分にできるか不安だったが、喜んでもらえた。 노인복지시설에 다니며, 이야기 상대가 되었다. 자신이 할 수 있을지 불안했으나, 어르신들이 기뻐해 주었다.
留学生活 유학 생활	예 韓国文化を紹介するパーティーを企画し、開催した。パーティーを企画したのは初めてだった。 한국 문화를 소개하는 파티를 기획하고 개최했다. 파티를 기획한 것은 처음이었다.
人間関係 인간관계	예 高校生までは内向的な性格だったが、大学に入ってからは、外向的な性格に変えるように努力した。 고등학생 때까지 내향적인 성격이었으나, 대학에 들어가고부터는, 외향적인 성격으로 바꾸도록 노력했다.
その他 기타	

● 도전한 일에 대해 노력했던 과정이나 배운 점 등 자신의 사회인 기초력을 어필할 수 있는 것 하나를 적어 보세요.

※ 도전한 일 挑戦したこと

패턴 문형 익히기 : 워크시트를 바탕으로 패턴 문형을 활용한 답변을 만들어 보세요.

1. 学生時代(がくせいじだい)に挑戦(ちょうせん)したことは何(なん)ですか。 학창시절에 도전한 것은 무엇입니까?

① 学生時代(がくせいじだい)に挑戦(ちょうせん)したことはヨーロッパを一人(ひとり)で旅行(りょこう)したことです。

학창시절에 도전한 것은 유럽을 혼자서 여행한 것입니다.

② 私(わたし)は学生時代(がくせいじだい)にダンスサークルを立(た)ち上(あ)げることに挑戦(ちょうせん)しました。

저는 학창시절 댄스 동아리를 창설하는 것에 도전했습니다.

패턴

① 学生時代(がくせいじだい)に挑戦(ちょうせん)したことは～です。 학창시절에 도전한 것은 ~입니다.

② 私(わたし)は学生時代(がくせいじだい)に～に挑戦(ちょうせん)しました。 저는 학창시절 ~에 도전했습니다.

• 자신의 답변을 만들어 보세요.

2. どうしてそれに挑戦しようと思いましたか。 왜 그것에 도전하려고 했습니까?

① 言葉が通じない国で自分の力を試したいと思い、3週間旅行しました。

말이 통하지 않는 나라에서 자신의 능력을 시험하고 싶다고 생각해서, 3주 동안 여행했습니다.

② 私がサークルの立ち上げに挑戦した理由は、大学にダンスサークルがなかったからです。

제가 동아리 창설에 도전한 이유는, 대학에 댄스 동아리가 없었기 때문입니다.

③ 大学にダンスサークルがなかったことから、自分でサークルを作ってみようと思いました。

대학교에 댄스 동아리가 없었던 이유로, 스스로 동아리를 만들어 보려고 생각했습니다.

패턴

① **〜たいと思い、〜。** ~하고 싶다고 생각해서, ~.

② **〜た理由は、〜からです。** ~한 이유는, ~ 때문입니다.

③ **〜ことから、〜。** ~ 이유로, ~.

- 자신의 답변을 만들어 보세요.

3. 大変だったことは何ですか。それには、どんな課題がありましたか。または、その時どんな目標を立てましたか。

힘들었던 점은 무엇입니까? 거기에는, 어떤 과제가 있었습니까? 또는, 그때 어떤 목표를 세웠습니까?

① 当時、私はヨーロッパ各国の言葉ができなかったため、コミュニケーションに不安がありました。 당시, 저는 유럽 각국의 말을 할 수 없었기 때문에, 커뮤니케이션에 불안이 있었습니다.

② その際、大変だったことは長く続けられるメンバーを１０人集めることです。

그때, 힘들었던 점은 오랫동안 계속할 수 있는 멤버 10명을 모으는 것입니다.

③ 私は多くの学生にダンスの魅力を伝えることを目標に頑張ることにしました。

저는 많은 학생에게 댄스의 매력을 전하는 것을 목표로 노력하기로 했습니다.

패턴

① **当時、〜は〜。** 당시, ~은 ~.

② **その際、大変だったことは〜です。** 그때, 힘들었던 점은 ~입니다.

③ **私は〜を目標に頑張ることにしました。** 저는 ~을 목표로 노력하기로 했습니다.

• 자신의 답변을 만들어 보세요.

4. そこで、具体的にどんな行動をしましたか。それをどう解決しましたか。 그래서, 구체적으로 어떤 행동을 취했습니까? 그것을 어떻게 해결했습니까?

① そこで、問題が起きても困らないように、事前にしっかりと計画を立てることにしました。 그래서, 문제가 발생해도 곤란하지 않도록, 사전에 확실하게 계획을 세우기로 했습니다.

② しかし、いろいろな国を自分の目で見たいという気持ちが強く、さまざまな問題に備えて準備しました。 그러나 여러 나라를 내 눈으로 보고 싶다는 마음이 강해서, 다양한 문제에 대비하여 준비했습니다.

③ ダンスサークルの存在を広めることが重要だと考え、次の３つ(２つ)のことを実行しました。１つ目は小さいダンス公演をすることです。 댄스 동아리의 존재를 널리 알리는 것이 중요하다고 생각하고, 다음의 3가지(2가지)를 실행했습니다. 첫 번째는 작은 댄스 공연을 하는 것입니다.

패턴

① そこで、～ことにしました。 그래서, ~하기로 했습니다.

② しかし、～という気持ちが強く、～ました。
그러나 ~라는 마음이 강해서, ~했습니다.

③ ～と考え、次の３つ(２つ)のことを実行しました。１つ目は～です。
~라고 생각하고, 다음의 3가지(2가지)를 실행했습니다. 첫 번째는 ~입니다.

• 자신의 답변을 만들어 보세요.

5. その結果、どうなりましたか。 그 결과, 어떻게 되었습니까?

① その結果、3週間で10か国旅行することができました。

그 결과, 3주간 10개국을 여행할 수 있었습니다.

② その結果、無事にヨーロッパの国々を直接見ることができ、自分の行動力と勇気がついたことを感じました。

그 결과, 무사히 각 유럽 국가를 직접 볼 수 있어서, 자신에게 행동력과 용기가 생겼다는 것을 느꼈습니다.

③ その結果、メンバーになった人たちからサークルを作ってくれてありがとうと言ってもらえました。

그 결과, 멤버가 된 사람들이 동아리를 만들어 주어서 고맙다고 말해 주었습니다.

④ 残念ながら大学の公式サークルとして認めてもらうことはできませんでしたが、ダンスが好きな仲間を作ることができました。

유감스럽게 대학의 공식 동아리로 인정받을 수는 없었습니다만, 댄스를 좋아하는 동료를 만들 수 있었습니다.

패턴

① その結果、～ことができました。 그 결과, ~할 수 있었습니다.

② その結果、～ことができ、～を感じました。
그 결과, ~할 수 있어서, ~을 느꼈습니다.

③ その結果、(人)から ～てもらえました / ていただけました。
그 결과, (사람)이 ~해 주었습니다/해 주셨습니다.

④ 残念ながら ～はできませんでしたが、～ことができました。
유감스럽게 ~은 할 수 없었습니다만, ~할 수 있었습니다.

- 자신의 답변을 만들어 보세요.

6. この経験(けいけん)から何(なに)を学(まな)びましたか。 이 경험에서 무엇을 배웠습니까?

① 私(わたし)はこの経験(けいけん)を通(とお)して、計画(けいかく)をしっかりと立(た)てることで、短(みじか)い時間(じかん)を有効(ゆうこう)に使(つか)うことができると学(まな)びました。

저는 이 경험을 통해서, 계획을 착실히 세움으로써, 짧은 시간을 효과적으로 사용할 수 있다고 배웠습니다.

② 私(わたし)はこの経験(けいけん)によって、ゼロから新(あたら)しいものを生(う)み出(だ)す実行力(じっこうりょく)を身(み)につけました。

저는 이 경험으로, 제로에서 새로운 것을 만들어 내는 실행력을 갖추었습니다.

패턴

① 私(わたし)はこの経験(けいけん)を通(とお)して、～と学(まな)びました。

저는 이 경험을 통해서, ~라고 배웠습니다.

② 私(わたし)はこの経験(けいけん)によって、～を身(み)につけました。

저는 이 경험으로, ~을 갖추었습니다.

TIP 여기서 써야 될 「배운 점」은, 일과 관계된 배움이나 깨달음을 말합니다. 예를 들어, '혼자 간 유럽 여행으로 친구의 소중함을 배웠다' 등과 같이 일과 관계가 없는 내용이 아니라, 업무에서 요구되는 「배울 점」으로 에피소드를 만들어 어필하는 것이 바람직합니다.

• 자신의 답변을 만들어 보세요.

7. その経験を生かしながら、今後どのような役割を担っていきたいと考えていますか。 그 경험을 살리면서, 앞으로 어떠한 역할을 담당해 가고 싶습니까?

① 私はこの**計画的に物事を進める力**を貴社でも生かしていきたいです。

저는 이 **계획적으로 일을 추진하는 힘**을 귀사에서도 살려 가고 싶습니다.

② 私はこの**目標を必ず達成する実行力**で、貴社に貢献したいと思います。

저는 이 **목표를 반드시 달성하는 실행력**으로, 귀사에 공헌하고 싶습니다.

③ 入社後も、この**物事の魅力を広める力**を生かし、**貴社の魅力も広められる**ように努力していきます。 입사 후에도, 이 **사물의 매력을 확장하는 힘**을 살려서, **귀사의 매력도 확장할 수 있**도록 노력해 가겠습니다.

패턴

① 私はこの **(自分の強み)** を貴社でも生かしていきたいです。
저는 이 (자신의 강점)을 귀사에서도 살려 가고 싶습니다.

② 私はこの **(自分の強み)** で、貴社に貢献したいと思います。
저는 이 (자신의 강점)으로, 귀사에 공헌하고 싶습니다.

③ 入社後も、この **(自分の強み)** を生かし、～ように努力していきます。
입사 후에도, 이 (자신의 강점)을 살려서, ～하도록 노력해 가겠습니다.

• 자신의 답변을 만들어 보세요.

정리하기

- 당신이 학창시절 이룬 가장 큰 도전은 무엇입니까?

평가 리스트

5 : 매우 좋다 4 : 좋다 3 : 보통 2 : 좀 더 노력하자 1 : 노력이 필요

	체크 항목	평가
1	불필요한 것을 쓰지 않았는지	5 4 3 2 1
2	구체적으로 썼는지	5 4 3 2 1
3	기업에 어필하는 내용이 적절한지	5 4 3 2 1
4	인포멀한 단어를 쓰지 않았는지	5 4 3 2 1
5	정중체 또는 보통체로 통일되어 있는지	5 4 3 2 1
6	한자의 변환이 바른지 (동음이의어에 주의할 것)	5 4 3 2 1

6 今までに挫折した経験はありますか。

지금까지 좌절한 경험이 있습니까?

이 질문에 '아니요'라고 답하는 것은 좋지 않습니다. 그것은 높은 목표를 설정해서 도전해 본 적이 없다고 대답하는 것과 같기 때문입니다. 좌절을 극복했다는 것은, 높은 목표를 가로막는 과제를 극복했다는 의미입니다. 극복한 경험이 없거나 실패로 끝나 버린 경험이라도 그 상황에서 대응 방안과 해결하기 위한 노력 및 과정을 전달할 수 있도록 답변을 준비하는 것이 좋습니다.

기업이 '좌절 경험'을 묻는 의도

1. 어떤 것을 '좌절'로 여기는 사람인지 파악하기 위해서
2. 지금까지 인생에서 주체적으로 어떤 일에 도전해 왔는지를 파악하기 위해서
3. 어떤 일에 필사적으로 대처하는 자세로부터 그 사람의 성품과 가능성을 파악하기 위해서
4. 목표와 과제를 달성하기 위해서 어떤 노력과 행동을 한 사람인지 파악하기 위해서
5. 목표 달성을 위해 개인적으로 대처하는지 아니면 다른 이들과의 협력 속에서 달성하는지 파악하기 위해서
6. 좌절 경험을 기업에서도 살려, 사내 업무에서 활약 가능한지 파악하기 위해서

말해 봅시다.

1. 今までに、うまくいかなくて諦めてしまったことはありますか。

지금까지, 잘 안돼서 포기해 버린 적이 있습니까?

2. うまくいかなくて落ち込んだとき、どのように気持ちを切り替えますか。

일이 잘 안돼서 우울해졌을 때, 어떻게 마음을 전환합니까?

● 예문

(400 글자)

좌절한 경험	私の挫折経験はイギリスでのホームステイで自分の消極的な姿勢に気づいたことです。
그때의 상황	英語に自信がなかった私は、ホストファミリーとうまくコミュニケーションをとることができませんでした。さらに、英語が苦手な友人が現地の人と関係を築いているのを見て、大変悔しく思いました。
목표 설정	この時、英語に自信がないことを理由に逃げている自分に気づき、苦手だからと諦めるのではなく、今の環境を最大限に利用して自分を変えるチャンスにしようと決めました。
어떻게 행동·해결했나	そこで、英語を上手に話すことに意識を置くのではなく、ホストファミリーといい関係を築くことに意識を置くことにしました。また、声をかけてもらうのを待つのではなく、自分から声をかけました。
결과	その結果、帰国日には泣きながら別れるまでの関係を築くことができ、英語力も上達させることができました。
배운 점	私はこの経験から、苦手なことに積極的に取り組むことで、苦手意識をなくすことができることを学びました。

새 단어 ホームステイ 홈스테이　消極的だ 소극적이다　ホストファミリー 호스트 패밀리(주인 가정)　現地 현지　築く 구축하다, 쌓아 올리다　最大限に 최대한으로　チャンス 찬스　意識 의식　上達させる 향상시키다　帰国日 귀국일

해석

저의 좌절 경험은 영국에서 홈스테이할 때 저의 소극적인 자세를 알게 된 것입니다. 영어에 자신이 없었던 저는, 주인 가족과 소통을 잘할 수 없었습니다. 게다가, 영어를 못하는 제 친구가 현지 사람들과 관계를 맺어 가는 것을 보고, 몹시 속이 상했습니다. 그때, 영어에 자신이 없다는 이유로 도망치고 있는 제 자신을 알게 되고, 못한다고 포기하는 것이 아니라, 지금의 환경을 최대한으로 이용해서 나 자신을 바꿀 기회로 만들자라고 결심했습니다. 그래서, 영어 회화력 향상만을 의식하는 게 아니라, 주인 가족과 좋은 관계 맺기를 의식하기로 했습니다. 또 누가 말을 걸어주기를 기다리는 것이 아니라, 내가 먼저 말을 걸었습니다. 그 결과, 귀국 날에는 울면서 헤어질 정도까지 관계를 쌓을 수 있었고, 영어 실력도 향상시킬 수 있었습니다. 저는 이 경험으로, 서툴고 자신 없는 일에 적극적으로 노력함으로써, 서툴기 때문에 못한다는 소극적인 의식을 없앨 수 있음을 배웠습니다.

작문 포인트

● 결과를 나타내는 표현

1. [동사 사전형] ことができた : ~할 수 있었다

役割を明確にすることによって、準備の時間を十分に確保することができました。 역할을 명확하게 함으로써, 준비 시간을 충분히 확보할 수 있었습니다.

1位を取ることはできませんでしたが、アイデア賞を受賞することができました。 1위를 차지할 수는 없었지만, 아이디어 상을 수상할 수 있었습니다.

TIP 구어체에서는 「～ことができた」 표현보다 가능동사(동사의 가능형)를 사용하는 경우가 많지만, 서류에 쓸 때나 면접에서는 가능동사가 아닌 「～ことができた」를 사용하는 쪽이 포멀한 느낌을 줍니다.

2. (人)から/に [동사 て형] てもらえた/ていただけた : (사람)이 ~해 주었다/~해 주셨다

後輩に「困っていたので助かった」と喜んでもらえました。

후배가 '곤란했는데 도움이 되었다'라며 기뻐해 주었습니다.

店長から私の明るい接客を評価していただけました。

점장님이 저의 밝은 접객을 평가해 주셨습니다.

TIP 누군가가 자신의 행동이나 능력을 평가해 주었을 때, 일본어에서는 「(人)が ～てくれる」 표현이 아니라, 화자(話者)의 시점에서 「(わたしは) (人)から / に ～てもらう」라는 표현을 자주 사용합니다. 그 상대가 연장자인 경우 「もらう」의 겸양어 「いただく」를 사용합니다. 「～てもらえる」, 「～ていただける」는 「～てもらう」, 「～ていただく」의 '가능동사'입니다.

새 단어 役割 역할 明確に 명확하게 確保する 확보하다 受賞する 수상하다 評価する 평가하다

연습 문제

1. 괄호 안에「ことができました」또는「ようになりました」를 넣어서 문장을 완성해 보세요.

(1) 苦手だった英語の科目で初めていい成績を取る(　　　　　　　　　　)。

(2) 日本人の友達と会話練習を続け、日本語の会話に自信が持てる(　　　　　　　　　　)。

(3) 人から言われる前に行動できる(　　　　　　　　　　)。

(4) ３か月間一生懸命練習し、公演を成功させる(　　　　　　　　　　)。

2.「～ていただく」를 사용해서 같은 의미의 문장으로 바꿔 보세요.

(1) お客様が私の接客時の笑顔を褒めてくださいました。

➡ ____________________

(2) 多くのお客様が公演を見に来てくださいました。

➡ ____________________

(3) サークルのメンバーが「あなたが部長でよかった」と言ってくれました。

➡ ____________________

(4) 料理を召し上がったお客様が満足してくださいました。

➡ ____________________

새 단어 いい成績を取る 좋은 성적을 받다　成功させる 성공시키다　笑顔 웃는 얼굴　褒める 칭찬하다　満足する 만족하다

워크시트

학창시절 또는 졸업 후, 좌절한 일은 무엇입니까? 워크시트에 적어 보세요.

	挫折したこと (좌절한 일)
大学の授業 대학 수업	예 統計学の授業が難しくて、ついていけなかった。 통계학 수업이 어려워서, 따라가지 못했다.
資格の取得 자격증 취득	예 ＪＬＰＴのＮ１を受けたが、合格できなかった。その後、日本のニュースを毎日読みながら漢字を勉強し、次の試験では合格した。 JLPT 1급에 응시했으나, 합격하지 못했다. 그 후, 일본 뉴스를 매일 읽으면서 한자 공부를 해서, 다음 시험에서는 합격했다.
サークル活動 동아리 활동	예 バンド部に入り、ギターを始めたが、なかなかうまく弾けるようにならなかった。ギターが楽しくなくなったが、上手になるまで練習を続けたら、楽しく弾けるようになった。 밴드부에 들어가, 기타를 시작했지만, 좀처럼 연주 실력이 늘지 않았다. 기타 연주가 재미없어졌지만, 잘하게 될 때까지 연습을 계속했더니, 즐겁게 연주할 수 있게 되었다.
アルバイト 아르바이트	예 お客様が多いときに効率よく動けなかったため、先輩に叱られた。 손님이 많을 때 효율적으로 일하지 못했기 때문에, 선배에게 꾸중을 들었다.

ボランティア 자원봉사	㉮ 小学生(しょうがくせい)に勉強(べんきょう)を教(おし)えるボランティアをしたとき、勉強(べんきょう)に集中(しゅうちゅう)しない小学生(しょうがくせい)の態度(たいど)に困(こま)った。초등학생에게 공부 가르치는 자원봉사를 했을 때, 공부에 집중하지 않는 초등학생의 태도로 힘들었다.
留学生活(りゅうがくせいかつ) 유학 생활	㉮ 日本(にほん)に留学(りゅうがく)して勉強(べんきょう)を頑張(がんば)り、日本語(にほんご)は上手(じょうず)になったが、それしか得(え)たものがないとわかったときに、自分(じぶん)にがっかりした。 일본 유학 중 열심히 공부해서, 일본어는 향상되었지만, 그것밖에 얻은 것이 없다고 느껴졌을 때, 나 자신에게 실망했다.
人間関係(にんげんかんけい) 인간관계	㉮ サークルの仕事(しごと)を人(ひと)に頼(たの)むことができず、一人(ひとり)で全部(ぜんぶ)やろうとして、自分一人(じぶんひとり)だけ大変(たいへん)だった。동아리 일을 다른 사람들에게 부탁하지 못하고, 혼자서 전부 다 하려고 해서, 나 혼자만 힘들었다.
その他(た) 기타	

● 노력의 과정이나 배운 점 등 자신의 사회인 기초력을 적극적으로 어필할 수 있는 것 하나를 적어 보세요.

※ 좌절한 경험 挫折(ざせつ)したこと

패턴 문형 익히기 : 워크시트를 바탕으로 패턴 문형을 활용한 답변을 만들어 보세요.

1. 今までの人生で挫折を感じた経験は何ですか。

지금까지 인생에서 좌절을 느낀 경험은 무엇입니까?

① 私の挫折経験はブログを書くことです。 저의 좌절 경험은 블로그를 쓰는 것입니다.

② 私が挫折を感じたのはカフェでのアルバイトです。

제가 좌절을 느낀 것은 카페에서의 아르바이트입니다.

③ 私が今までに困難だと感じた経験はアルバイトでの失敗です。

제가 지금까지 어렵다고 느낀 경험은 아르바이트에서의 실수입니다.

패턴

① **私の挫折経験は～です。** 저의 좌절 경험은 ~입니다.

② **私が挫折を感じたのは～です。** 제가 좌절을 느낀 것은 ~입니다.

③ **私が今までに困難だと感じた経験は～です。**
제가 지금까지 어렵다고 느낀 경험은 ~입니다.

- 자신의 답변을 만들어 보세요.

2. その時の状況はどうでしたか。具体的に説明してください。

그때의 상황은 어땠습니까? 구체적으로 설명해 주세요.

① ブログを書いて、たくさんの読者を獲得したいと思っていましたが、読者が増えず、ブログを書き続けることができませんでした。

블로그를 써서, 많은 독자를 얻고 싶었지만, 독자가 늘지 않아서, 블로그를 계속 쓸 수 없었습니다.

② 後輩の前で店長に叱られたことがとても悔しく、仕事に集中していなかったことを後悔しました。 후배 앞에서 점장에게 꾸중 들었다는 것이 매우 속상해서, 일에 집중하지 않았던 것을 후회했습니다.

③ 1年続けて慣れていた仕事でミスをして、大変悔しく思いました。

1년 동안 계속해 익숙해진 일에서 실수를 해서, 매우 속상했습니다.

패턴

① ～が、～ことができませんでした。 ~지만, ~할 수 없었습니다.

② ～ことがとても悔しく、～ことを後悔しました。
~것이 매우 속상해서, ~한 것을 후회했습니다.

③ ～て、大変悔しく思いました。 ~해서, 매우 속상했습니다.

• 자신의 답변을 만들어 보세요.

3. どんな目標を立てましたか。 어떤 목표를 세웠습니까?

① 私は読者が１００人になることを目標に頑張ることにしました。

저는 독자가 100명이 되는 것을 목표로 열심히 하기로 했습니다.

② 先輩としての自覚が足りなかったと考え、後輩から信頼される仕事をしようと決めました。 선배로서의 자각이 부족했다고 생각해서, 후배로부터 신뢰받는 일을 하자고 결심했습니다.

③ 今の仕事で成長しようとしていなかったことに気づき、店で一番仕事ができる人になろうと決めました。 지금 업무에서 성장하고자 노력하지 않았다는 것을 알게 되어, 가게에서 제일 일을 잘하는 사람이 되자고 결심했습니다.

패턴

① 私は～を目標に頑張ることにしました。 저는 ~을 목표로 열심히 하기로 했습니다.

② ～と考え、～と決めました。 ~라고 생각해서, ~라고 결심했습니다.

③ ～に気づき、～と決めました。 ~을 알게 되어, ~라고 결심했습니다.

• 자신의 답변을 만들어 보세요.

4. そこで、具体的(ぐたいてき)にどんな行動(こうどう)をしましたか。克服(こくふく)するために何(なに)をしましたか。 그래서, 구체적으로 어떤 행동을 취했습니까? 극복하기 위해서 무엇을 했습니까?

① そこで、朝起(あさお)きてすぐにブログを書(か)くことを習慣(しゅうかん)にすることにしました。

그래서, 아침에 일어나서 바로 블로그 쓰기를 습관으로 하기로 했습니다.

② そこで、簡単(かんたん)な仕事(しごと)も丁寧(ていねい)にするようにしました。

그래서, 간단한 일도 정성껏 하도록 했습니다.

③ そこで、次(つぎ)の３つ(２つ)のことを実行(じっこう)しました。１つ目(め)は丁寧(ていねい)な接客(せっきゃく)です。２つ目(め)はどんな仕事(しごと)も率先(そっせん)してすることです。

그래서, 다음 3가지(2가지)를 실행했습니다. 첫 번째는 정중한 접객입니다.
두 번째는 어떤 일도 솔선해서 하는 것입니다.

패턴

① そこで、～ことにしました。 그래서, ~ 하기로 했습니다.

② そこで、～ようにしました。 그래서, ~ 하도록 했습니다.

③ そこで、次(つぎ)の３つ(２つ)のことを実行(じっこう)しました。１つ目(め)は～です。２つ目(め)は～です。

그래서, 다음 3가지(2가지)를 실행했습니다. 첫 번째는 ~입니다. 두 번째는 ~입니다.

• 자신의 답변을 만들어 보세요.

5. その結果、どうなりましたか。 그 결과, 어떻게 되었습니까?

① その結果、目標を達成することができました。

그 결과, 목표를 달성할 수 있었습니다.

② その結果、店長からあなたなら安心して仕事を任すことができると言っていただけました。 그 결과, 점장님이 당신이라면 안심하고 일을 맡길 수 있다고 말해 주셨습니다.

③ その結果、任された仕事に自信を持つことができ、仕事のやりがいを感じました。

그 결과, 맡은 일에 자신감을 가질 수 있어서, 일의 보람을 느꼈습니다.

패턴

① その結果、～ことができました。 그 결과, ~할 수 있었습니다.

② その結果、(人)から～てもらえました/ていただけました。
그 결과, (사람)이 ~해 주었습니다/해 주셨습니다.

③ その結果、～ことができ、～を感じました。
그 결과, ~ 할 수 있어서, ~을 느꼈습니다.

• 자신의 답변을 만들어 보세요.

6. この経験から何を学びましたか。 이 경험에서 무엇을 배웠습니까?

① 私はこの経験を通して、最初から完璧を目指すのではなく、毎日少しずつ実行することが重要だと学びました。 저는 이 경험을 통해서, 처음부터 완벽을 목표로 하는 것이 아니라, 매일 조금씩 실행하는 것이 중요하다고 배웠습니다.

② 私はこの経験から仕事が自分を成長させてくれることを学び、現在でもさまざまな仕事に積極的に取り組むように心がけています。 저는 이 경험으로 일이 자신을 성장시켜 주는 것을 배우고, 현재도 여러 가지 일에 적극적으로 임하도록 유념하고 있습니다.

③ やりがいを持って働くためには、目標を持ち続けることが大切だと学びました。

보람을 가지고 일하기 위해서는, 목표를 계속 가지는 것이 중요하다고 배웠습니다.

패턴

① 私はこの経験を通して、～ことが重要だと学びました。
저는 이 경험을 통해서, ~하는 것이 중요하다고 배웠습니다.

② 私はこの経験から～ことを学び、現在でも～ように心がけています。
저는 이 경험으로 ~하는 것을 배우고, 현재도 ~하도록 유념하고 있습니다.

③ ～ためには、～が大切だと学びました。
~하기 위해서는, ~이 중요하다고 배웠습니다.

- 자신의 답변을 만들어 보세요.

정리하기

- 지금까지 인생에서 좌절을 느낀 경험은 무엇입니까?

평가 리스트

5 : 매우 좋다　4 : 좋다　3 : 보통　2 : 좀 더 노력하자　1 : 노력이 필요

	체크 항목	평가
1	불필요한 것을 쓰지 않았는지	5 4 3 2 1
2	구체적으로 썼는지	5 4 3 2 1
3	기업에 어필하는 내용이 적절한지	5 4 3 2 1
4	인포멀한 단어를 쓰지 않았는지	5 4 3 2 1
5	정중체 또는 보통체로 통일되어 있는지	5 4 3 2 1
6	한자의 변환이 바른지 (동음이의어에 주의할 것)	5 4 3 2 1

※ 기업이 요구하는 일본어 능력

일본에서는 기본적으로 신입사원에 대해서 〈NO 커리어, NO 능력〉이라는 인식이 있어서 한국처럼 높은 스펙을 요구하지 않습니다.

일본 기업의 경우, TOEIC이나 JLPT 등의 어학 능력 시험에 대한 성적이 높으면 서류 전형에서 유리한 것이 사실입니다. 그러나 그 평가 기준은 한국 기업보다 낮습니다.
오히려, 어학 능력보다 지원 동기의 내용이 안 좋을 경우 탈락되는 경우가 더 많습니다.
그러나 일본어 실력은 필수이므로, 공인 일본어 성적이 잘 나올 수 있도록 미리 관리해 놓는 것이 좋습니다.

● 일본어의 중요성

일본의 대표적인 취업사이트 홈페이지도 대부분 일본어로만 정보를 제공하고 있습니다.
보통, 채용공고에는 JLPT N2부터 지원이 가능하다고 적혀 있지만, 사실상 JLPT N1의 고득점자 채용률이 더 높습니다.

영어를 아무리 잘하더라도 일본어를 못한다면 회사에서 기본적인 의사소통을 하지 못하기 때문에, 일본어 능력을 가장 중요시합니다. 그러므로 일본어 능력 시험에서 고득점을 취득하는 것은 매우 중요합니다. 영어나 제2 외국어는 그 이후에 어필해도 충분합니다.

몇 번이나 강조되는 일본어 운용 능력은 일본 취업에 있어서 필수 요건입니다. 위의 모든 구직 활동은 일본어가 가능하다는 전제하에 이루어지는 과정입니다. 거의 모든 기업은 일본어로 전 채용 과정을 진행하고 있으며, 영어 또는 한국어로 진행되는 종합 무역상사도 실제 입사 후에는 일본어로 업무가 이루어지기 때문입니다.

7

あなたは周りからどのような人だと言われますか。

주위 사람은 당신을 무엇이라고 부릅니까?

가족 및 주변의 가까운 지인들에게 자신의 인상을 물어봅시다. 타인이 평가하는 자신의 인상에서 공통점으로 평가되는 것이 자신의 객관적 평가 기준이 됩니다. 단, 부정적인 대답은 피하는 것이 좋으며, 자신의 장점이 단순한 자랑으로 인식되지 않도록 구체적인 에피소드와 함께 근거를 부여하는 것이 중요합니다.

☑ 기업이 '주위로부터의 평가'를 묻는 의도

1. 다른 평가자와 본인의 평가가 일치하는지 알아봄으로써, 자기 자신을 객관적으로 평가할 수 있는 사람인지 파악하기 위해서
2. 주위의 평가를 듣고, 그 사람의 인품과 양호한 인간관계를 형성하고 있는지 판단하기 위해서
3. 다른 질문의 답변과 모순이 없는지 확인하기 위해서

말해 봅시다.

1. **あなたは周りの人から、どんなことでよく褒められますか。**

   당신은 주위 사람들로부터, 어떤 일로 자주 칭찬받습니까?

2. **あなたはエニアグラムの性格診断を受けたことがありますか。インターネットで無料診断を受けてみましょう。その結果を友達に話し、感想を聞いてみましょう。**

   당신은 에니어그램의 성격 진단을 받은 적이 있습니까? 인터넷으로 무료진단을 받아 봅시다. 그 결과를 친구에게 이야기하고, 감상을 들어 봅시다.

● 예문

(396 글자)

주위로부터의 인상	私は周囲の人から努力家だとよく言われます。
그렇게 보이는 요인	常に高い目標を持ち、何事にも全力で取り組む姿勢が、そのように評価される要因だと思います。
요인이 된 구체적 에피소드	例えば、私が所属していた日本語演劇サークルでは、全国大会に出ることが目標でした。副部長としてサークルの運営もしながら、日本語で役も演じました。当時、日本語がまだ下手で、日本語に自信がなかったため、日本人の友人に録音してもらったせりふを毎日聞きながら、せりふの練習をしました。観客には韓国語の字幕を見せるので、日本語は完璧に話せなくてもいいという意見も出ましたが、日本人のような発音で完璧にせりふを話そうとする真剣な姿勢が観客に感動を与えると信じ、メンバーにも同じように練習してもらいました。
정리	その結果、目標だった全国大会に進むことができ、そこで3位を取りました。このようなことから、周囲の人から努力家だと評価され、真剣に取り組む姿勢に刺激を受けると言われています。

새 단어 努力家(どりょくか) 노력가　何事(なにごと)にも 무슨 일에나　全力(ぜんりょく)で 전력을 다해　要因(よういん) 요인　所属(しょぞく)する 소속되다　演劇(えんげき) 연극
副部長(ふくぶちょう) 부부장　運営(うんえい) 운영　役(やく) 맡은 역할　演(えん)じる 연기하다　せりふ 대사　観客(かんきゃく) 관객　字幕(じまく) 자막
完璧(かんぺき)に 완벽하게　真剣(しんけん) 진지, 진심　刺激(しげき) 자극

해석

저는 주변의 지인들로부터 노력가라는 말을 자주 듣습니다. 항상 높은 목표를 갖고, 어떤 일이든 전력을 다해 임하는 자세가 그렇게 평가받는 요인이라고 생각합니다. 예를 들면, 제가 소속된 일본어 연극 동아리에서는, 전국 대회 출전이 목표였습니다. 부부장으로 동아리도 운영하면서, 일본어로 연기도 했습니다. 당시, 일본어가 서툴고, 일본어에 자신이 없었기 때문에, 일본인 친구가 녹음해 준 대사를 매일 들으면서 대사 연습을 했습니다. 관객에게 한국어 자막을 보여주기 때문에, 일본어는 완벽하게 말하지 않아도 된다는 의견도 나왔지만, 일본인 같은 발음으로 완벽하게 대사를 말하고자 하는 저의 진지한 자세가 관객에게 더 큰 감동을 준다고 믿고, 멤버들도 저와 똑같이 함께 연습해 주었습니다. 그 결과, 목표였던 전국 대회에 나갈 수 있었고, 거기에서 3위를 차지했습니다. 이러한 일로, 주위 지인들은 저를 노력가로 평가하고, 진지하게 임하는 제 모습에 자극을 받는다고 합니다.

작문 포인트

● 원인·근거·이유를 나타내는 표현

1. [보통형/な形 어간 + な/명사 + の] ため : ~ 때문에

「知(し)っていること」と「できること」は違(ちが)うため、実践(じっせん)することをいつも心(こころ)がけています。'알고 있는 것'과 '할 수 있는 것'은 다르기 때문에, 늘 실천할 것을 유념하고 있습니다.

TIP 1 어떤 원인에 의해서 좋은 결과가 나온 경우에는 「~おかげで」, 좋지 않은 결과가 생겼을 경우에는 「~せいで」라는 표현을 사용합니다. 그러나 엔트리시트에서는 객관적인 표현을 선호하기 때문에, 주로 「~ため」를 사용합니다. 또한, 이유를 나타낼 때, 회화에서는 「~ので」, 작문 같은 문장체에서는 「~ため」의 사용을 추천합니다.

TIP 2 「~ため」라는 표현에는 '~위해서'와 '~ 때문에'라는 2가지 의미가 있습니다.

2. [보통형/な形 어간 + な/명사 + の] ことから : ~라는 것을 이유로, ~하기 때문에

人(ひと)の役(やく)に立(た)ちたいと思(おも)ったことから、ボランティア活動(かつどう)に参加(さんか)することにしました。사람들에게 도움이 되고 싶은 이유로, 봉사활동에 참가하기로 했습니다.

3. [명사] により/によって : ~로 인하여 / ~ 때문에 (원인·이유)

努力(どりょく)し続(つづ)けたことによって、成長(せいちょう)することができました。

계속된 노력으로 인하여, 성장할 수 있었습니다.

새 단어 実践(じっせん)する 실천하다 心(こころ)がける 유의하다, 명심하다 役(やく)に立(た)つ 도움이 되다 ボランティア活動(かつどう) 자원봉사활동

연습 문제

1. 다음 문장에서 「ため」가 '원인·근거·이유'의 의미를 나타내는 것을 찾아보세요.

(1) 練習に集中するため、早朝の誰もいない時間に行って練習しました。

(2) 公演を成功させるためには、多くの人の協力が必要でした。

(3) サークルには指導者がいなかったため、これ以上実力を上げるのに限界を感じていました。

(4) 話し合う機会がなかったため、一方的に指示をするしかありませんでした。

2. 다음 연결되는 문장끼리 이어 보세요.

(1) この仕事は業務も多く、忙しいことから、 •	a. 去年よりお客様の数が増えました。
(2) 時間があまり残っていなかったことから、 •	b. 無理だと言われました。
(3) やり方を改善たことにより、 •	c. やりたがる人はいませんでした。
(4) 様々な広告手段を使ったことにより、 •	d. 効率が上がりました。

새 단어 早朝 조기　指導者 지도자　限界 한계　一方的に 일방적으로　指示 지시　業務 업무
改善する 개선하다　広告 광고　手段 수단　増える 늘다　やりたがる 하고 싶어 하다　効率 효율

워크시트

자신을 바라보는 주변의 시선을 적어 보세요.

	あなたへの評価(ひょうか)(당신에 대한 평가)
家族(かぞく) 가족	ⓔ やればできる子(こ)だ 하면 되는 아이다
先生(せんせい) 선생님	ⓔ 勉強熱心(べんきょうねっしん)だ 열심히 공부한다
友達(ともだち) 친구	ⓔ 行動力(こうどうりょく)がある 행동력이 있다
先輩(せんぱい) 선배	ⓔ いつも冷静(れいせい)だ 늘 냉정하다

後輩(こうはい) 후배	예 気配(きくば)りができる 배려할 수 있다
アルバイト先(さき)の人(ひと) 아르바이트 근무처 지인	예 何事(なにごと)にも丁寧(ていねい)だ 어떤 일에도 공손하다
その他(た) 기타	

● 자신에 대한 주변의 평가 중, 자신의 사회인 기초력을 적극적으로 어필할 수 있는 것 하나를 적어 보세요.

※ 당신에 대한 주위의 평가 周(まわ)りからのあなたの評価(ひょうか)

패턴 문형 익히기 : 워크시트를 바탕으로 패턴 문형을 활용한 답변을 만들어 보세요.

1. あなたは家族や友達、先生からどんな人だと言われますか。

당신은 가족이나 친구, 선생님으로부터 어떤 사람이라는 말을 듣습니까?

① 私は周りから**行動力がある**と言われます。저는 주위로부터 **행동력이 있다**는 말을 듣습니다.

② 私は周囲の人から**頼りになるお姉さんのような人だ**とよく言われます。

저는 주변 사람들로부터 **의지가 되는 언니(누나) 같은 사람이**라고 자주 듣습니다.

③ 私は**店長**から**ボスのようだ**と言われることが多いです。

저는 **점장님**으로부터 **보스 같다**고 들을 때가 많습니다.

패턴

① **私は周りから～と言われます。** 저는 주위로부터 ~라는 말을 듣습니다.

② **私は周囲の人から～とよく言われます。**
저는 주변 사람들로부터 ~라고 자주 듣습니다.

③ **私は(人)から～と言われることが多いです。**
저는 (사람)으로부터 ~라고 들을 때가 많습니다.

TIP '나는 주위로부터 ~라는 말을 듣습니다'를 「私は周りの人から～と聞きます」라고 직역해서는 안 됩니다. 바른 일본어 표현은 「私は周りの人から～と言われます」가 됩니다.

• 자신의 답변을 만들어 보세요.

2. どうして周り(まわ)の人(ひと)からそう見(み)られるのだとあなたは考(かんが)えますか。

주변 사람들이 어째서 당신을 그렇게 본다고 생각합니까?

① それは、難(むずか)しいと思(おも)われることにも恐(おそ)れずに挑戦(ちょうせん)していくからだと考(かんが)えています。

그것은, 어렵다고 생각되는 일도 두려워하지 않고 도전해 가기 때문이라고 생각하고 있습니다.

② よく相談(そうだん)に乗(の)り、周(まわ)りを励(はげ)まし応援(おうえん)する態度(たいど)が、そのように評価(ひょうか)される要因(よういん)だと思(おも)います。상담에 잘 응해 주고, 주위를 격려하고 응원하는 태도가, 그렇게 평가받는 요인이라고 생각합니다.

③ スタッフが私(わたし)の指示(しじ)によく従(したが)うことから、そのように見(み)られるのだと思(おも)います。

직원이 저의 지시에 잘 따르기 이유로, 그렇게 보이는 것이라고 생각합니다.

패턴

① それは、〜からだと考(かんが)えています。 그것은, ~ 때문이라고 생각하고 있습니다.

② 〜が、そのように評価(ひょうか)される要因(よういん)だと思(おも)います。
~이, 그렇게 평가받는 요인이라고 생각합니다.

③ 〜ことから、そのように見(み)られるのだと思(おも)います。
~ 이유로, 그렇게 보이는 것이라고 생각합니다.

• 자신의 답변을 만들어 보세요.

3. その要因となる具体的なエピソードを教えてください。

그 요인이 되는 구체적인 에피소드를 알려 주세요.

① それを表すエピソードにビジネスプランコンテストへの参加があります。私はコンテストや大会に積極的に参加するタイプではありませんでした。しかし、私のアイデアが社会で通用するのか確かめたく、参加することを決めました。그것을 보여주는 에피소드로 비즈니스 플랜 콘테스트의 참가가 있습니다. 저는 콘테스트나 대회에 적극적으로 참가하는 타입이 아니었습니다. 그러나, 제 아이디어가 사회에서 통용되는지 확인하고 싶어서, 참가하기로 결정했습니다.

② 例えば、私が所属するバドミントン部では、秋に交流試合があります。それは一年生にとって初めての試合です。1年生はとても緊張しているだろうと思い、一人一人に声をかけました。예를 들면, 제가 소속된 배드민턴부에서는, 가을에 교류 시합이 있습니다. 그것은 1학년생에게 있어서 첫 번째 시합입니다. 1학년생은 매우 긴장하고 있을 것이라고 생각해서, 한 사람 한 사람에게 말을 걸었습니다.

패턴

① それを表すエピソードに ～があります。

그것을 보여주는 에피소드로 ~이 있습니다.

② 例えば、～では、～。 예를 들면, ~에서는, ~.

- 자신의 답변을 만들어 보세요.

4. 最後(さいご)にもう一度(いちど)、周(まわ)りの人(ひと)からどう見(み)られているのかを言(い)いましょう。 끝으로 다시 한번, 주변 사람이 당신을 어떻게 보고 있는지 말합시다.

① 以上(いじょう)のことから、初(はじ)めてのことでも、恐(おそ)れずに行動(こうどう)する力(ちから)があると評価(ひょうか)されるのだと考(かんが)えます。 이상의 내용으로, 처음 하는 일이라도, 두려워하지 않고 행동하는 힘이 있다고 평가받는 것 같습니다(평가받는다고 생각합니다).

② このようなことから、頼(たよ)りになると言(い)われるのだと思(おも)います。

이러한 이유로, (저에게) 의지가 된다라고 말하는 것 같습니다.

패턴

① 以上(いじょう)のことから、～と評価(ひょうか)されるのだと考(かんが)えます。
이상의 내용으로, ~라고 평가받는다고 생각합니다.

② このようなことから、～と言(い)われるのだと思(おも)います。
이러한 이유로, (저에게) ~라고 말하는 것 같습니다.

TIP 여기서 다시 결론을 기술하는 대신, 이 경험을 기업에서 어떻게 살릴지를 쓰는 것도 좋습니다.

• 자신의 답변을 만들어 보세요.

정리하기

- 주변 사람은 당신을 어떤 사람이라고 합니까?

평가 리스트

5 : 매우 좋다　4 : 좋다　3 : 보통　2 : 좀 더 노력하자　1 : 노력이 필요

	체크 항목	평가
1	불필요한 것을 쓰지 않았는지	5　4　3　2　1
2	구체적으로 썼는지	5　4　3　2　1
3	기업에 어필하는 내용이 적절한지	5　4　3　2　1
4	인포멀한 단어를 쓰지 않았는지	5　4　3　2　1
5	정중체 또는 보통체로 통일되어 있는지	5　4　3　2　1
6	한자의 변환이 바른지 (동음이의어에 주의할 것)	5　4　3　2　1

※ 동영상 전형의 포인트

최근에는 엔트리시트 대신, 동영상으로 1차 전형을 실시하는 기업이 늘고 있습니다. 동영상은 1분 정도의 분량으로 자기소개 또는 자기 PR이 요구되는 경우가 많으며, 휴대전화로 촬영해서 제출합니다. 기업이 전형에서 중시하는 항목의 1위는 '인품'입니다. 동영상 전형의 주요 의도는 동영상을 통해서 그 사람의 성품과 분위기 및 열의를 파악하기 위해서입니다.

동영상을 통해서 응시자의 표정과 태도, 자세, 목소리 크기 등을 한 번에 확인할 수 있기 때문에 많은 해외 기업들이 동영상 전형을 실시하고 있습니다. 이야기의 내용도 중요하지만, 시각적인 인상도 매우 중요합니다. 사전 연습으로 동영상을 촬영해서 자신의 표정 변화와 불필요한 제스처를 수정하고 바른 인터뷰 자세 등을 반드시 체크해 두는 것이 좋습니다.

기업은 지원자가 일본어를 얼마나 정확히 구사하고 있으며, 기업 분위기와 어울리는지 등을 세밀하게 관찰합니다. 다른 지원자들과의 경쟁의식으로 기발하고 개성적인 동영상을 찍으려고 노력하는 것보다 정확한 언어로 자기 PR과 지원하는 기업에 대한 열정을 전하고 밝고 긍정적인 이미지를 유지하는 것이 좋습니다. 자기 PR의 핵심이 되는 단어가 적힌 도화지를 화면에 보이도록 하거나 자신을 상징하는 물건을 소품으로 사용하는 것도 효과적입니다.

8

あなたのグループにおける役割(やくわり)は何(なん)ですか。

당신이 속한 그룹에서 당신의 역할은 무엇입니까?

일본 기업은 팀워크를 매우 중요하게 생각합니다. 최근 통계에서 보이는 변화는 업무에 있어서 '협조를 잘한다'뿐만 아니라 '주체적으로 참가해서 자신이 속한 그룹에 영향을 줄 수 있다'와 같은 적극적인 역할을 요구하기 시작했습니다. 기업이 그룹에서의 역할을 묻는 의도를 정확히 파악하고 대처하는 준비가 필요합니다.

☑ 기업이 '그룹에서의 역할'을 묻는 의도

1. 그룹의 일원으로서 일할 수 있는지 파악하기 위해서
2. 그룹에서 무엇인가를 달성할 때, 그룹에 공헌하려는 의식이 있는 사람인지 파악하기 위해서
3. 회사에 입사할 경우, 어떤 역할을 맡길지 고려하기 위해서

말해 봅시다.

1. あなたは一人(ひとり)で行動(こうどう)するのが好(す)きですか。グループで行動(こうどう)するのが好(す)きですか。
당신은 혼자서 행동하는 것을 좋아합니까? 그룹으로 행동하는 것을 좋아합니까?

2. クラスで演劇(えんげき)をすることになりました。演劇(えんげき)をするには、役者(やくしゃ)、監督(かんとく)、小道具(こどうぐ)、ナレーターなどの役割(やくわり)が必要(ひつよう)です。あなたが担当(たんとう)したい役割(やくわり)と、やりたくない役割(やくわり)はどれですか。また、その理由(りゆう)も考(かんが)えてみましょう。
학급에서 연극을 하게 되었습니다. 연극을 하기 위해서는, 배우, 감독, 소도구, 내레이터 등의 역할이 필요합니다. 당신이 맡고 싶은 역할과, 하기 싫은 역할은 무엇입니까? 그리고, 그 이유도 생각해 봅시다.

● 예문

(400 글자)

맡고 있는 역할	私は所属するダンスサークルでメンバーの意見を調整する役割を担っています。
그룹이 지닌 과제	そこでは当時、初心者と経験者のレベル差が大きく、全体を1つにまとめることが課題でした。
어떻게 행동했나?	そこで、私はメンバー1人1人がチーム全体を考えて動くことが重要だと考え、以下の3つのことに取り組みました。第一に、メンバー全員にチームとしての目標と方向性を伝え、個人の目標を紙に書いてもらいました。第二に、初心者には練習日以外に個別練習会を週に1回開き、ダンスのテクニックと楽しさを伝えました。最後に、経験者には初心者ができるようになった点と今後の課題を報告し、どの時期にどのレベルまで到達するか、長期的展望を報告しました。
주위에 끼친 영향 및 주위의 평가	このような取り組みの結果、初心者のレベルの低さに不満を示す経験者がいなくなり、チームの団結力の強化に貢献することができました。
입사 후 전망	入社後もチームの調整役として積極的に動き、利益を上げられる人材になるように努力していきます。

새 단어 調整する 조정하다　担う 담당하다　まとめる 정리하다　初心者 초급자　方向性 방향성　個別 개별
テクニック 테크닉　到達する 도달하다　展望 전망　団結力 단결력　強化 강화　利益 이익　人材 인재

해석

저는 소속된 댄스 동아리에서 멤버의 의견을 조정하는 역할을 담당하고 있습니다. 그곳에서는 당시, 초보자와 경험자의 수준 차이가 커서, 전체를 하나로 통합하는 일이 과제였습니다. 그래서, 저는 멤버 한 사람 한 사람이 팀 전체를 생각하고 행동하는 것이 중요하다고 생각해서, 아래와 같은 3가지 행동을 취했습니다. 첫째, 멤버 전원에게 팀의 목표와 방향성을 알리고, 개인의 목표를 종이에 쓰도록 했습니다. 둘째, 초보자를 위해서 연습일 이외 일주일에 한 번 개별 연습 모임을 열어, 댄스의 테크닉과 즐거움을 전했습니다. 마지막으로, 경험자에게 초보자의 수준이 향상된 점과 향후 과제를 보고하고, 어느 시기에 어느 레벨까지 도달할지, 장기적인 전망을 보고했습니다. 이러한 대처의 결과, 초보자의 낮은 레벨에 불만을 보인 경험자가 없어지고, 팀의 단결력 강화에 공헌할 수 있었습니다. 입사 후에도 팀의 조정 역할자로 적극적으로 활동하며, 이익을 올릴 수 있는 인재가 되도록 노력해 나가겠습니다.

작문 포인트

● 열거를 나타내는 표현

1. 1つ目は～。2つ目は～。3つ目は～。 : 첫 번째는 ~. 두 번째는 ~. 세 번째는 ~.

以下の２つのことに取り組みました。１つ目は原因を追究することです。２つ目は解決方法を見つけることです。 이하의 2가지 일에 몰두했습니다. 첫 번째는 원인을 추구하는 일입니다. 두 번째는 해결 방법을 찾는 일입니다.

次の３つのことを実行しました。１つ目は過去のデータを探すことです。２つ目は周りの人に自分の意見を聞いてもらうことです。 다음의 3가지 일을 실행했습니다. 첫 번째는 과거 데이터를 찾는 일입니다. 두 번째는 주위 사람에게 자신의 의견을 말하는 것입니다.

TIP 「첫 번째, 두 번째」라고 쓸 때는 「一番目、二番目」로 쓰지 않도록 주의합시다.

2. 第一に、～。第二に、～。第三に、～。 : 첫째, ~. 둘째, ~. 셋째, ~.

チームで仕事をするのに重要なことは３つあります。第一に、目標の共有です。第二に、コミュニケーションです。第三に、適切な役割分担です。 팀으로 일하는 데는 중요한 것이 3가지 있습니다. 첫째, 목표의 공유입니다. 둘째, 커뮤니케이션입니다. 셋째, 적절한 역할분담입니다.

接客をする時に意識していることは２つあります。第一に、笑顔です。第二に、お客様の気持ちを察することです。 손님을 대할 때 의식해야 할 것이 2가지 있습니다. 첫째, 웃는 얼굴입니다. 둘째, 고객의 기분을 살피는 일입니다.

TIP 「１つ目は、２つ目は」로 열거하는 경우는 그 순서에 특별한 경중은 없지만, 「第一に、第二に、」라고 열거할 경우는 중요한 순서로 배열해야 합니다.

새 단어 取り組む 맞붙다, 몰두하다　原因 원인　追究する 추구하다　解決方法 해결 방법　実行する 실행하다　データ 데이터　共有 공유　適切だ 적절하다　役割分担 역할분담　察する 살피다

연습 문제

1. 다음 제시된 문장을 열거표현을 사용해서 완성해 보세요.

- 貴社でなら、私の専攻と語学力を生かすことができる。
- 貴社の企業理念に共感した。

貴社を志望した理由は以下の２つです。

________________________________ です。

________________________________ です。

2. 다음 제시된 문장을 열거표현을 사용해서 완성해 보세요.

- 感情的にならない。
- 相手の話をよく聞く。

クレームを言うお客様の対応をするとき、以下の２つを意識しました。

________________________________ です。

________________________________ です。

새 단어 共感する 공감하다　志望する 지망하다　感情的に 감정적으로　クレーム 클레임　企業理念 기업이념

워크시트

지금까지 속한 집단에서 자신의 역할, 주변에 미친 영향을 적어 보세요.

	グループでの役割(やくわり)(집단 내 역할)
友達関係(ともだちかんけい) 교우관계	예 明(あか)るい考(かんが)え方(かた)で、周(まわ)りをポジティブにする 밝은 생각으로, 주위를 긍정적으로 바꾼다
大学(だいがく)の学科(がっか)や授業(じゅぎょう) 대학의 학과나 수업	예 相談(そうだん)に乗(の)り、冷静(れいせい)にアドバイスをする 상담에 응할 시, 냉정하게 조언한다
クラブ・サークル 모임·동아리	예 リーダーをサポートする 리더를 서포트한다
アルバイト 아르바이트	예 自分(じぶん)が努力(どりょく)する姿(すがた)で、周(まわ)りのやる気(き)を高(たか)めていく 내가 노력하는 모습으로, 주위의 사기를 높인다

ボランティア 자원봉사	예 仲間同士(なかまどうし)のコミュニケーションの場(ば)をつくる 동료끼리의 커뮤니케이션 자리를 만든다
インターンシップ 인턴십	예 新(あたら)しい取(と)り組(く)みを提案(ていあん)していく 새로운 대처방안을 제안해 간다
その他(た) 기타	예 リーダー的(てき)な存在(そんざい) / 場(ば)を明(あか)るくするムードメーカー 리더적 존재 / 자리를 밝게 하는 분위기 메이커

● 그룹에서 담당한 역할 중, 자신의 사회인 기초력을 적극적으로 어필할 수 있는 것 하나를 적어 보세요.

※ 당신의 그룹 내 역할 あなたのグループでの役割(やくわり)

패턴 문형 익히기 : 워크시트를 바탕으로 패턴 문형을 활용한 답변을 만들어 보세요.

1. サークルやゼミ、アルバイトなどで、あなたはどんな役割(やくわり)を担(にな)っていましたか。 동아리, 세미나, 아르바이트 등의 활동에서 당신은 어떤 역할을 맡고 있었습니까?

① 私(わたし)は所属(しょぞく)する自転車(じてんしゃ)サークルでリーダーをサポートする役割(やくわり)を担(にな)っていました。

저는 소속된 자전거 동아리에서 리더를 서포트하는 역할을 담당하고 있었습니다.

② 私(わたし)はサークルでは変化(へんか)を起(お)こす存在(そんざい)です。 저는 동아리에서는 변화를 일으키는 존재입니다.

③ 私(わたし)は学生会(がくせいかい)で会長(かいちょう)を担当(たんとう)していました。 저는 학생회에서 회장을 담당하고 있었습니다.

패턴

① 私(わたし)は～で～役割(やくわり)を担(にな)っていました。 저는 ~에서 ~ 역할을 담당하고 있었습니다.

② 私(わたし)は～では～存在(そんざい)です。 저는 ~에서는 ~ 존재입니다.

③ 私(わたし)は～で～を担当(たんとう)していました。 저는 ~에서 ~을 담당하고 있었습니다.

• 자신의 답변을 만들어 보세요.

2. あなたが所属するグループではどんな課題がありましたか。

당신이 소속된 그룹에서는 어떤 과제가 있었습니까?

① 当時、リーダーの意見とメンバーの意見との対立が課題でした。

당시, 리더와 멤버 간의 의견 대립이 과제였습니다.

② そこではリーダーとメンバーとのコミュニケーション不足が問題となっていました。

거기에서는 리더와 멤버 간의 커뮤니케이션 부족이 문제가 되고 있었습니다.

③ 例えば、大学の学園祭の準備を手伝う人が集まらないことがありました。

예를 들어, 대학의 축제 준비를 돕는 사람이 모이지 않는 일이 있었습니다.

패턴

① **当時、～が課題でした。** 당시, ~이 과제였습니다.

② **～では～が問題となっていました。** ~에서는 ~이 문제가 되고 있었습니다.

③ **例えば、～ことがありました。** 예를 들어, ~ 일이 있었습니다.

- 자신의 답변을 만들어 보세요.

3. その役割として、グループやメンバーのためにどんな努力や行動をしましたか。 그 역할로서, 그룹이나 멤버를 위해 어떤 노력이나 행동을 했습니까?

① そこで、私は組織ではリーダーに従うことが重要だと考え、リーダーの考えをわかりやすくメンバーに伝えることにしました。 그래서, 저는 조직에서는 리더를 따르는 것이 중요하다고 생각해서, 리더의 생각을 이해하기 쉽게 멤버에게 전달하기로 했습니다.

② そこで、グループが一つにまとまるように話し合いの場を作りました。

그래서, 그룹이 하나로 뭉치도록 대화의 자리를 만들었습니다.

③ そこで、私は学園祭の責任者として、次の３つ(２つ)のことを実行しました。１つ目は学生たちの話を聞くことです。 그래서, 저는 학교 축제의 책임자로서, 다음 3가지(2가지)를 실행했습니다. 첫 번째는 학생들의 이야기를 듣는 것입니다.

패턴

① そこで、私は〜と考え、〜ことにしました。
그래서, 저는 ~라고 생각해서, ~하기로 했습니다.

② そこで、〜ように〜。 그래서, ~하도록 ~.

③ そこで、私は〜として、次の３つ(２つ)のことを実行しました。
１つ目は〜です。
그래서, 저는 ~로서, 다음 3가지(2가지)를 실행했습니다. 첫 번째는 ~입니다.

• 자신의 답변을 만들어 보세요.

4. あなたはその役割(やくわり)を果(は)たすことによって、どんな貢献(こうけん)をしましたか。または、周(まわ)りからどのように評価(ひょうか)されましたか。

당신이 맡은 그 역할을 완수함으로써, 어떤 공헌을 했습니까? 또는, 주위로부터 어떤 평가를 받았습니까?

① その結果(けっか)、リーダーを中心(ちゅうしん)にグループが一(ひと)つになることができました。

그 결과, 리더를 중심으로 그룹이 하나가 될 수 있었습니다.

② このような取(と)り組(く)みの結果(けっか)、お互(たが)いに意見(いけん)を言(い)い合(あ)えるようになりました。

이러한 대처의 결과, 서로 의견을 말할 수 있게 되었습니다.

③ その結果(けっか)、学生(がくせい)たちから楽(たの)しい学園祭(がくえんさい)だったと言(い)ってもらえました。

그 결과, 학생들이 즐거운 축제였다고 말해 주었습니다.

패턴

① **その結果(けっか)、～ことができました。** 그 결과, ~할 수 있었습니다.

② **このような取(と)り組(く)みの結果(けっか)、～ようになりました。**
이러한 대처의 결과, ~하게/하도록 되었습니다.

③ **その結果(けっか)、(人(ひと))から～てもらえました/ていただけました。**
그 결과, (사람)이 ~해 주었습니다/주셨습니다.

- 자신의 답변을 만들어 보세요.

5. その経験を生かしながら、今後どのような役割を担っていきたいと考えていますか。 그 경험을 살리면서, 앞으로 어떠한 역할을 담당해 가고 싶습니까?

① 入社後もチームのメンバーとのコミュニケーションを大切にしながら、いい仕事ができるように努力していきます。 입사 후에도 팀원들과의 커뮤니케이션을 소중히 여기면서, 좋은 일을 할 수 있도록 노력해 가겠습니다.

② 入社後もこの経験を生かし、チームのために率先して動いていきたいと思っています。

입사 후에도 이 경험을 살려서, 팀을 위해 솔선해서 행동해 나가고 싶습니다.

③ 貴社でもこのリーダーシップを生かし、チームの活性化に貢献したいと思っています。

귀사에서도 이 리더십을 살려서, 팀의 활성화에 공헌하고 싶습니다.

패턴

① **入社後も〜ように努力していきます。** 입사 후에도 ~하도록 노력해 가겠습니다.

② **入社後もこの経験を生かし、〜たいと思っています。**
입사 후에도 이 경험을 살려서, ~하고 싶습니다.

③ **貴社でもこの 〜を生かし、〜に貢献したいと思っています。**
귀사에서도 이 ~을 살려서, ~에 공헌하고 싶습니다.

• 자신의 답변을 만들어 보세요.

정리하기

● 당신의 그룹에 있어서의 역할은 무엇입니까?

평가 리스트

5 : 매우 좋다　4 : 좋다　3 : 보통　2 : 좀 더 노력하자　1 : 노력이 필요

	체크 항목	평가
1	불필요한 것을 쓰지 않았는지	5 4 3 2 1
2	구체적으로 썼는지	5 4 3 2 1
3	기업에 어필하는 내용이 적절한지	5 4 3 2 1
4	인포멀한 단어를 쓰지 않았는지	5 4 3 2 1
5	정중체 또는 보통체로 통일되어 있는지	5 4 3 2 1
6	한자의 변환이 바른지 (동음이의어에 주의할 것)	5 4 3 2 1

9

当社(とうしゃ)を志望(しぼう)した理由(りゆう)は何(なん)ですか。

당사를 지원한 이유는 무엇입니까?

엔트리시트를 기입할 때, 가장 중요한 항목은 '지원 동기'입니다. 지원 동기에서는 장래의 꿈과 실현 가능을 위해 귀사에 지원했다는 의미 전달이 효과적입니다. 그러기 위해서는 기업이 추구하는 인재상과 희망하는 업계에 대한 최신 뉴스 등을 파악해 두는 것이 중요합니다.

기업이 '지원 동기'를 묻는 의도

1. 지원 의지와 입사 의욕이 높은지 파악하기 위해서
2. 지원자가 하고 싶은 일과 회사의 사업 방침이나 전망이 일치하는지 확인하기 위해서
3. 지망 동기로 지원자의 인품을 파악하기 위해서

말해 봅시다.

1. 子(こ)どもの時(とき)から今(いま)までの間(あいだ)、どんな仕事(しごと)に関心(かんしん)を持(も)ってきましたか。

   어렸을 때부터 지금까지, 어떤 일에 관심을 가져왔습니까?

2. あなたは給料(きゅうりょう)が高(たか)い会社(かいしゃ)ならどの会社(かいしゃ)でもいいから働(はたら)きたいと思(おも)いますか。

   당신은 급여가 많은 회사라면 어느 회사라도 상관없이 일하고 싶습니까?

● 예문

(395 글자)

이루고 싶은 꿈이나 목표	私(わたし)は学生(がくせい)の可能性(かのうせい)を広(ひろ)げたいという強(つよ)い気持(きも)ちがあります。
이루고 싶은 이유·현상 과제	教育実習(きょういくじっしゅう)に行(い)った時(とき)、学生(がくせい)の多様化(たようか)する関心(かんしん)に教師(きょうし)が応(こた)えるため、教師(きょうし)への負担(ふたん)が大(おお)きくなっていることを実感(じっかん)しました。社会(しゃかい)の情報化(じょうほうか)やグローバル化(か)が進(すす)む一方(いっぽう)で、教師(きょうし)がそれに完全(かんぜん)に対応(たいおう)できておらず、教育(きょういく)における需要(じゅよう)と供給(きょうきゅう)のギャップは今後(こんご)さらに深(ふか)まると予想(よそう)します。これにより、学生(がくせい)の学(まな)びが制限(せいげん)されることは、その学生(がくせい)の将来(しょうらい)の可能性(かのうせい)を制限(せいげん)することにもつながります。
왜 이 기업인가?	そこで、ICTを利用(りよう)して学生(がくせい)の関心(かんしん)をさらに深(ふか)める機会(きかい)を提供(ていきょう)している貴社(きしゃ)でなら、学生(がくせい)の可能性(かのうせい)を広(ひろ)げられると考(かんが)え、志望(しぼう)しました。
입사 후, 목표나 포부	入社後(にゅうしゃご)は、ICT教育(きょういく)を通(とお)して、教師以外(きょうしいがい)の職業(しょくぎょう)に就(つ)いている多様(たよう)な人材(じんざい)を先生(せんせい)として迎(むか)え、幅広(はばひろ)い学(まな)びの場(ば)を提供(ていきょう)したいと考(かんが)えています。また、貴社(きしゃ)のコンテンツを韓国国内(かんこくこくない)に広(ひろ)く知(し)ってもらえるように努力(どりょく)し、貴社(きしゃ)はもちろん、これからの韓国社会(かんこくしゃかい)の発展(はってん)に貢献(こうけん)していきたいと思(おも)っています。

새 단어

可能性(かのうせい) 가능성　広(ひろ)げる 펼치다, 확장하다　教育実習(きょういくじっしゅう) 교육실습　多様化(たようか)する 다양화하다　負担(ふたん) 부담
実感(じっかん)する 실감하다　グローバル化(か) 글로벌화　対応(たいおう)する 대응하다　～における ～에 있어서의　需要(じゅよう) 수요
供給(きょうきゅう) 공급　ギャップ 갭　学(まな)び 배움　制限(せいげん)する 제한하다　提供(ていきょう)する 제공하다　就(つ)く 종사하다
幅広(はばひろ)い 폭넓다　コンテンツ 콘텐츠

해석

저는 학생의 가능성을 펼치고 싶은 강한 바람이 있습니다. 교육 실습을 갔을 때, 다양화하는 학생들의 관심에 교사가 응하기 위해서는, 교사들의 부담이 커지고 있음을 실감했습니다. 사회의 정보화나 글로벌화가 진행되는 한편으로, 교사가 그 변화에 완전하게 대응할 수 없어서, 교육에 있어서의 수요와 공급의 갭은 향후 한층 더 심각해질 것으로 예상됩니다. 이로 인해, 학생들의 배움이 제한되는 것은, 그 학생의 장래 가능성의 제한으로 이어집니다. 그래서, ICT를 이용해서 학생의 관심을 더욱 넓히는 기회를 제공하고 있는 귀사에서라면, 학생의 가능성을 넓힐 수 있다고 판단하여, 지원하였습니다. 입사 후에는, ICT 교육을 통해서, 교사 외의 직업에 종사하고 있는 다양한 인재를 선생님으로 영입, 폭넓은 학습의 장을 제공하고 싶습니다. 또, 귀사의 콘텐츠를 한국에 널리 알릴 수 있도록 노력하고, 귀사는 물론, 미래 한국 사회의 발전에 공헌하고 싶습니다.

작문 포인트

● 수단·방법을 나타내는 표현

1. [동사 보통형] ことで : ~함으로써

諦(あきら)めず努力(どりょく)することで、問題(もんだい)を乗(の)り越(こ)えることができました。

포기하지 않고 노력함으로써, 문제를 극복할 수 있었습니다.

様々(さまざま)な活動(かつどう)に参加(さんか)したことで、人脈(じんみゃく)を広(ひろ)げることができました。

다양한 활동에 참여함으로써, 인맥을 넓힐 수 있었습니다.

2. [명사] により/によって : ~로 인하여 / ~로써 (수단·방법)

強(つよ)いチームワークにより、成功(せいこう)させることができました。

강한 팀워크로 인하여, 성공시킬 수 있었습니다.

メンバーの悩(なや)みを聞(き)くことによって、不安(ふあん)や不満(ふまん)を解消(かいしょう)していきました。

멤버의 고민을 들음으로써, 불안이나 불만을 해소해 갔습니다.

TIP 1 「~により / によって」는 '원인'이나 '수단'을 나타내는 의미 이외에 기준을 나타내는 '~에 따라서'라는 의미도 있습니다. 158p. 참고

㉮ 人(ひと)によって考(かんが)え方(かた)が異(こと)なります。 사람에 따라서 사고방식이 다릅니다.

TIP 2 「~ことで」는 그 수단이나 방법을 사용하여 '무엇을 했는지, 어떻게 변화했는지'라는 뒤 문장에서 발생된 내용이 강조되는 반면에, 「~により / によって」는 뒤 문장에서 발생된 행동이나 변화를 위하여, '어떠한 수단이나 방법을 취했는지'가 강조됩니다.

새 단어 諦(あきら)める 체념하다　乗(の)り越(こ)える 극복하다　人脈(じんみゃく) 인맥　広(ひろ)げる 넓히다　解消(かいしょう)する 해소하다

チームワーク 팀워크

연습 문제

1. 다음 문장에서 「により / によって」가 ‘수단·방법’의 의미를 나타내는 것을 찾아보세요.

(1) SNSを利用することによって、多くの人を集めることができました。

(2) 人によって考え方が異なるため、メンバーの意見を聞くことを大切にしました。

(3) 朝早く起きることにより、勉強する時間を作り出しました。

(4) メンバー同士が喧嘩したことにより、サークルの雰囲気が悪くなってしまいました。

2. 다음 연결되는 문장끼리 이어 보세요.

(1) アンケート調査をすることで、・	a. お客様のニーズを把握しました。
(2) 物事の見方を変えることで、・	b. 日本との関係をよくしたいです。
(3) 周囲の人と協力することにより、・	c. いい作品を作ることができました。
(4) 日韓交流の機会を作ることにより、・	d. 感情をコントロールすることができます。

새 단어 異なる 다르다　명사+同士 ~끼리　喧嘩する 싸우다　雰囲気 분위기　物事 모든 일, 일체의 사물
見方 견해, 관점, 보는 방법　日韓交流 한일교류　機会 기회　ニーズ 니즈, 필요성, 요구
把握する 파악하다　感情 감정　コントロールする 컨트롤하다

워크시트

사회인이 된 자신의 미래 모습을 상상해 보세요.

1. あなたは将来仕事(しょうらいしごと)において、どんな人間(にんげん)になりたいですか。理想(りそう)の自分(じぶん)はどんな能力(のうりょく)や人間性(にんげんせい)を持(も)っていますか。

당신은 장래 일에 있어서, 어떤 사람이 되고 싶습니까? 이상적인 나 자신은 어떤 능력이나 인간성을 가지고 있습니까?

예 世界(せかい)を舞台(ぶたい)に活躍(かつやく)するリーダー 세계를 무대로 활약하는 리더

➡ 外国語能力(がいこくごのうりょく)が高(たか)く、外国人(がいこくじん)とうまくつきあえる。외국어 능력이 높고, 외국인과 잘 사귈 수 있다.

尊敬(そんけい)される教育者(きょういくしゃ) 존경받는 교육자

➡ 指導法(しどうほう)も人間的(にんげんてき)にもすばらしい教師(きょうし) 교육 방법도 인간적으로도 훌륭한 교사

• 자신의 답변을 적어 보세요.

2. その理想の自分になれたら、社会にどんな影響を与えたいですか。誰のために何をしていきたいですか。 당신이 바라는 이상적인 자신이 된다면, 사회에 어떤 영향을 주고 싶습니까? 누구를 위해 무엇을 해나가고 싶습니까?

예 韓国の映画を世界に輸出したい 한국 영화를 세계에 수출하고 싶다

➡ 世界の人に韓国映画の良さを伝えたい。세계인에게 한국 영화의 우수함을 전하고 싶다.

韓国の教育を変えたい 한국의 교육을 바꾸고 싶다

➡ 教師主導から学生主導の教育に変え、学生の自主性を伸ばしたい。

교사 주도에서 학생 주도의 교육으로 바꿔서, 학생들의 자율성을 키우고 싶다.

- 자신의 답변을 적어 보세요.

3. 日本(にほん)、または日本企業(にほんきぎょう)で働(はたら)きたい理由(りゆう)は何(なん)ですか。

일본, 또는 일본 기업에서 일하고 싶은 이유는 무엇입니까?

예 韓国映画(かんこくえいが)も韓国(かんこく)ドラマのように日本社会(にほんしゃかい)に広(ひろ)めたいと思(おも)ったから。

한국 영화도 한국 드라마처럼 일본 사회에 널리 알리고 싶다고 했기 때문에.

日本語能力(にほんごのうりょく)を生(い)かせる仕事(しごと)がしたいと思(おも)ったから。

일본어 능력을 살릴 수 있는 일을 하고 싶다고 생각했기 때문에.

• 자신의 답변을 적어 보세요.

● 기업에서 실현하고 싶은 꿈의 예시 문장

広告で多くの人の気持ちを動かし、人と物をつなぎたい 광고로 많은 사람의 마음을 움직여, 사람과 사물을 연결하고 싶다
自分がかかわった製品を世の中に出すことによって、人々の健康で幸せな生活に貢献したい 자신이 직접 관여한 제품을 세상에 내보임으로써, 사람들의 건강하고 행복한 생활에 공헌하고 싶다
高品質・低価格の電子部品を開発することによって、世の中を便利にしたい 고품질·저가격인 전자제품을 개발해서, 세상을 편리하게 만들고 싶다
エンターテイメントを通して、多くの人に感動を与える仕事をしたい 엔터테인먼트를 통해서, 많은 사람들에게 감동 주는 일을 하고 싶다
自分が作った技術によって、科学技術の発展に貢献したい 자신이 만든 기술로 인하여, 과학기술발전에 공헌하고 싶다
大規模なチームで大規模なものを作り、人々を驚かせたい 대규모의 팀에서 대규모의 작품을 만들어서, 사람들을 놀라게 하고 싶다
十分に学ぶことができない国の人々に、勉強する機会を与えたい 충분히 배울 수 없는 나라의 사람들에게, 공부할 기회를 주고 싶다
文化や価値観の違う国に、その国に合った商品を提供することで、快適な暮らしを届けたい 문화나 가치관이 다른 나라에, 그 나라에 맞는 상품을 제공함으로써, 쾌적한 삶을 전하고 싶다
年齢、性別、国籍を問わず、人が満足して働ける世の中を作りたい 연령, 성별, 국적을 불문하고, 사람이 만족하며 일할 수 있는 세상을 만들고 싶다

패턴 문형 익히기 : 워크시트를 바탕으로 패턴 문형을 활용한 답변을 만들어 보세요.

1. どうしてこの企業を志望しますか。この企業で成し遂げたい中期的な目標や、実現したい夢は何ですか。

어째서 우리 기업을 지망합니까? 이 기업에서 이루고 싶은 중기적인 목표나, 실현하고 싶은 꿈은 무엇입니까?

① 私が貴社を志望する理由は、人々に非日常の素晴らしい時間を提供したいと思ったからです。 제가 귀사를 지망하는 이유는, 사람들에게 일상을 떠난 멋진 시간을 제공하고 싶었기 때문입니다.

② 私は安心して暮らせる街を作りたいという強い気持ちがあります。

저는 안심하고 살 수 있는 마을을 만들고 싶은 마음이 간절합니다.

③ 地域の再開発を通して、地方を活性化したいと思い、志望しました。

지역 재개발을 통해서, 지방을 활성화시키고 싶어서, 지망했습니다.

패턴

① **私が貴社を志望する理由は、～からです。**
제가 귀사를 지망하는 이유는, ~ 때문입니다.

② **私は～たいという強い気持ちがあります。** 저는 ~하고 싶은 마음이 간절합니다.

③ **～を通して、～たいと思い、志望しました。**
~을 통해서, ~하고 싶어서, 지망했습니다.

• 자신의 답변을 만들어 보세요.

2. どうしてそのような目標や夢に取り組みたいのですか。または、その目標や夢を達成する上で、韓国社会や世界の現状にどんな課題がありますか。

어째서 그러한 목표와 꿈에 매진하고 싶은 것입니까? 또는, 그 목표와 꿈을 달성하는데, 한국 사회와 세계의 현상에 어떤 과제가 있습니까?

① 日本へ旅行に行った時、ホテルのサービスのレベルがとても高いことを実感しました。

일본으로 여행 갔을 때, 호텔의 서비스 수준이 매우 높다는 것을 실감했습니다.

② もともと現代建築に興味があり、建物の写真を集めたり、CADの勉強をしたりしていました。원래 현대건축에 흥미가 있어서, 건물의 사진을 모으거나, CAD 공부를 하고 있었습니다.

③ 外資系ホテルは今後増えていくと予想します。

외국 투자 계열 호텔은 앞으로 늘어날 것이라고 예상합니다.

④ 地方では管理されていない空き家の増加が課題となっています。

지방에서는 관리되지 않은 빈집의 증가가 과제가 되고 있습니다.

패턴

① **～時、～を実感しました。** ~ 때, ~을 실감했습니다.

② **もともと～に興味があり、～ていました。**
원래 ~에 흥미가 있어서, ~ 하고 있었습니다.

③ **～は今後 ～と予想します。** ~은 앞으로 ~라고 예상합니다.

④ **～では～が課題となっています。** ~에서는 ~이 과제가 되고 있습니다.

• 자신의 답변을 만들어 보세요.

3. どうして他の企業ではなく、この企業でなければならないのですか。この企業に興味を持ったきっかけがありますか？ また、企業のホームページを見て、印象に残った部分がありましたか？

어째서 다른 기업이 아니라, 우리 기업이어야만 합니까? 우리 기업에 흥미를 가지게 된 계기가 있습니까? 또, 기업의 홈페이지를 보고, 인상에 남은 부분이 있었습니까?

① 中でも貴社はその土地の文化をお客様に楽しんでもらおうと努力しており、その点に魅力を感じました。 그중에서도 귀사는 그 지역의 문화를 손님이 즐길 수 있도록 노력하고 있어서, 그 점에 매력을 느꼈습니다.

② 貴社でなら海外からのお客様が多く、私の英語と韓国語能力が発揮できると思い、志望しました。 귀사에서라면 해외 고객이 많아서, 저의 영어와 한국어 능력을 발휘할 수 있다고 생각해서, 지망했습니다.

③ 中でも都市の再開発に実績がある貴社なら、地方を再生できると考え、志望しました。
그중에서도 도시재개발의 실적이 있는 귀사라면, 지방을 재생할 수 있다고 생각해서, 지망했습니다.

패턴

① 中でも貴社は～ており、その点に魅力を感じました。
그중에서도 귀사는 ~하고 있어서, 그 점에 매력을 느꼈습니다.

② 貴社でなら～できると思い、志望しました。
귀사에서라면 ~할 수 있다고 생각해서, 지망했습니다.

③ 中でも～貴社なら、～と考え、志望しました。
그중에서도 ~ 귀사라면, ~라고 생각해서, 지망했습니다.

• 자신의 답변을 만들어 보세요.

4. 入社後、具体的にどのように働きたいですか。

입사 후, 구체적으로 어떻게 일하고 싶습니까?

① 入社できた際には英語と韓国語能力を生かし、リピート客の増加に貢献したいと考えています。입사가 가능해지면 영어와 한국어 능력을 살려서, 재방문 손님의 증가에 공헌하고 싶습니다.

② 入社後は日本の地方の魅力を引き出したいと考えています。

입사 후에는 일본 지방의 매력을 이끌어내고 싶습니다.

③ 入社した際には、伝統建築と現代建築を融合させた建築デザインに挑戦していきたいです。입사 시에는, 전통건축과 현대건축을 융합시킨 건축디자인에 도전해 나가고 싶습니다.

패턴

① **入社できた際には ～を生かし、～に貢献したいと考えています。**
입사가 가능해지면 ～을 살려서, ～에 공헌하고 싶습니다.

② **入社後は ～たいと考えています。** 입사 후에는 ～하고 싶습니다.

③ **入社した際には、～に挑戦していきたいです。**
입사 시에는, ～에 도전해 나가고 싶습니다.

• 자신의 답변을 만들어 보세요.

정리하기

● 당사를 지원한 이유는 무엇입니까?

평가 리스트

5 : 매우 좋다　4 : 좋다　3 : 보통　2 : 좀 더 노력하자　1 : 노력이 필요

	체크 항목	평가
1	불필요한 것을 쓰지 않았는지	5 4 3 2 1
2	구체적으로 썼는지	5 4 3 2 1
3	기업에 어필하는 내용이 적절한지	5 4 3 2 1
4	인포멀한 단어를 쓰지 않았는지	5 4 3 2 1
5	정중체 또는 보통체로 통일되어 있는지	5 4 3 2 1
6	한자의 변환이 바른지 (동음이의어에 주의할 것)	5 4 3 2 1

※ 주의가 요구되는 가타카나어 표기

일본어 학습에서 처음으로 접하는 히라가나는 필순에 맞춰서 정성 들여 手書(てが)き로 외우기 때문에 보통 표기에 큰 문제점이 나타나지 않습니다. 그러나 가타카나는 읽을 수는 있지만 정확한 표기를 할 수 있는 학습자는 많지 않습니다. 가타카나 문자 자체는 히라가나에 비해 심플하지만, 가타카나의 외래어 표기는 장음과 단음의 구분 등이 있어서 특히 더 어렵습니다. 외래어의 사용 없이는 일상의 커뮤니케이션이 원활하지 않을 정도로 오늘날 가타카나의 사용은 매우 중요해지고 있습니다. 엔트리시트에서 맞춤법이 틀리거나 표기가 엉망인 가타카나가 쓰여져 있다면, 내용이 훌륭하더라도 서류 전형에서 좋은 인상을 남길 수 없습니다.

1. 엔트리시트에서는 약어를 사용하지 않는 것이 원칙

편의점 (convenience store) : コンビニ ➡ コンビニエンスストア

아르바이트 (arbeit) : バイト ➡ アルバイト

스마트 폰 (smartphone) : スマホ ➡ スマートフォン

2. 틀리기 쉬운 パ[pa]행 「パ・ピ・プ・ペ・ポ」과 ファ[fa]행 「ファ・フィ・フ・フェ・フォ」을 정확히 확인 후 표기할 것. 특히, 영어의 [f]로 시작하는 가타카나에 주의!

파일 (file) : パイル (X) ➡ ファイル

프런트 (front) : プロント (X) ➡ フロント

포멀 (formal) : ポーマル (X) ➡ フォーマル

3. 장음과 단음을 명확하게 구분해서 표기할 것

맥주 (beer) : ビール　　빌딩 (building) : ビル(ビルディング)

기계 (mechanism) : メカ(メカニズム)　　제조회사 (maker) : メーカー

일본어는 장·단음에 따라 의미가 다른 어휘들이 많음에 유의합시다.

10

10年後(ねんご)、当社(とうしゃ)でどのような仕事(しごと)をしていたいですか。

10년 후, 당사에서 어떤 일을 하고 있기를 바랍니까?

중·장기적인 목표를 가지고, 그것을 달성하기 위한 계획을 세우고 있는 사람은 입사 후 빠르게 성장할 수 있습니다. 사적인 내용 또는 회사에 공헌하지 않는 지극히 개인적인 목표는 쓰지 않는 것이 좋습니다. 입사 선배의 인터뷰 또는 회사 설명회 등에서 얻은 정보 등을 참고하여 답변을 준비하는 것도 좋은 방법입니다.

☑ 기업이 '10년 이후의 비전'을 묻는 의도

1. 지원자가 얼마나 기업을 연구하고, 업무에 대해서 이해하고 있는지 파악하기 위해서
2. 이 회사에서 일하는 이미지를 구체적으로 가지고 있는지 확인함으로써 입사 의욕이 높은지 판단하기 위해서
3. 자기 나름의 커리어 플랜을 세우고, 명확한 목표를 가지고 일에 임할 수 있는 인재인지 파악하기 위해서
4. 지원자의 커리어 플랜과 기업의 커리어에 갭이 없는지 파악하기 위해서

말해 봅시다.

1. あなたは何歳(なんさい)まで働(はたら)きたいですか。

당신은 몇 살까지 일하고 싶습니까?

2. 会社(かいしゃ)で昇進(しょうしん)し、責任(せきにん)のある地位(ちい)で働(はたら)いてみたいですか。それとも、地位(ちい)はなくてもいいから責任(せきにん)の軽(かる)い仕事(しごと)を続(つづ)けたいですか。

회사에서 승진하고, 책임 있는 자리에서 일해 보고 싶습니까? 아니면, 지위는 없어도 되니까 책임이 가벼운 일을 계속하고 싶습니까?

● 예문

(385 글자)

10년 후의 나 자신	私は１０年後は次世代の高速通信システムの開発プロジェクトのリーダーになっていたいです。
입사 후, 5년 이내 쌓고 싶은 경험	そのために、入社後は専門知識や技術を確実に身につけ、自分の力で解決できないことはチームのメンバーに相談しながら解決方法を見つけ出すように努力します。そして、お客様やチームメンバーと話し合いながら、共に作り上げる達成感を感じてみたいです。
입사 후, 10년 이내 쌓고 싶은 경험	その後、入社１０年目までには、専門技術においては社内で一番信頼される人材になっていたいです。チームリーダーとしてチームのメンバーを育成し、貴社全体の技術力を向上させ、お客様に認めていただけるように努力します。
입사 전, 준비해 둘 것	そのためには、専門知識や技術だけでなく、信頼される人間性やコミュニケーション能力が大切だと思われるので、入社までにビジネスマナーの勉強と、人への伝え方や話しの聞き方などのコミュニケーションに関する勉強を、本や実践を通してしておくつもりです。

새 단어 次世代(じせだい) 차세대　システム 시스템　開発(かいはつ) 개발　プロジェクト 프로젝트　共に(とも) 함께
作り上げる(つくりあげる) 만들어 내다, 완성시키다　*ます형+あげる ~을 해내다(마치다)　達成感(たっせいかん) 성취감　社内(しゃない) 사내
信頼される(しんらい) 신뢰받다　育成する(いくせい) 육성하다　実践(じっせん) 실천

해석

저는 10년 후에는 차세대 고속 통신시스템 개발 프로젝트의 리더가 되고 싶습니다. 그렇게 되기 위해서, 입사 후 전문지식이나 기술을 확실히 익혀서, 자신의 힘으로 해결할 수 없는 일은 팀원들과 상담하면서 해결 방법을 찾아내도록 노력할 것입니다 그리고 고객이나 팀원과 상의하면서, 함께 만들어 내는 성취감을 느끼고 싶습니다. 그 뒤, 입사 10년째에는, 전문 기술에 있어서는 사내에서 가장 신뢰받는 인재가 되고 싶습니다. 팀 리더로서 팀원을 육성하고, 귀사의 모든 기술력을 향상시켜서, 고객으로부터 인정받을 수 있도록 노력하겠습니다. 그러기 위해서는, 전문지식과 기술뿐만 아니라, 신뢰받는 인간성과 커뮤니케이션 능력이 중요하다고 생각하기 때문에, 입사 때까지 비즈니스 매너에 관련된 공부와, 타인에게 전하는 방법이나 타인의 말을 경청하는 방법 등 커뮤니케이션에 관한 공부를, 책과 실천을 통해서 준비해 둘 생각입니다.

작문 포인트

● 기타 표현

1. [명사] として : ~의 입장, 자격, 명목으로서

挨拶は社会人として、最も重要なマナーです。

인사는 사회인으로서, 가장 중요한 매너입니다.

2. [동사 사전형] 上で : ~하는 데 있어서

英語力はグローバルビジネスを進める上で、欠かせないものです。

영어력은 글로벌 비즈니스를 진행하는 데 있어서, 빼놓을 수 없는 것입니다.

TIP 「[동사 た형] 上で」는 '~한 후에'라는 뜻입니다.

예 メンバーと相談した上で決めた。 멤버와 상담한 후에 결정했다.

3. [명사] を通して : ~을 통해서

この経験を通して、誰かに相談することの大切さを学びました。

이 경험을 통해서, 누군가에게 상담하는 것의 중요성을 배웠습니다.

TIP '~을 통해서'라는 의미는 「~通して」와 「~通じて」의 2가지 표현이 있습니다. 거의 같은 의미로 사용할 수 있지만, 「~通して」는 동작 주의 주체적인 행동에 중점을 두는 경우에 주로 사용하고, 「~通じて」는 어떤 매개를 사용해 정보를 전달할 때 주로 사용합니다.

예 インターネットを通じて、外国人と知り合った。 인터넷을 통해서, 외국인과 알게 되었다.

새 단어 マナー 매너　グローバルビジネス 글로벌 비즈니스　進める 진행하다　欠かせない 빼놓을 수 없다

연습 문제

1. 괄호 안에 「として」 또는 「を通して」를 넣어서 문장을 완성해 보세요.

(1) サークル内の交流(　　　　　　　)、バーベキュー大会や新年会を企画しました。

(2) スポーツ(　　　　　　　)、協調性や集中力を身につけました。

(3) 軍隊での共同生活(　　　　　　　)、規律を守ることの重要性を学びました。

(4) 私はよく相談相手(　　　　　　　)、頼られることが多いです。

2. 괄호 안에 동사 「する」를 문장에 맞게 변형된 형태로 넣어서 문장을 완성해 보세요.

(1) 間違いがないか確認(　　　　　)上で、報告しました。

(2) 小学生を指導(　　　　　)上で、子どものやる気を引き出すことが難しかったです。

(3) メンバーの意見を参考に(　　　　　)上で、決定しました。

(4) サークルを運営(　　　　　)上で、会費を払わないメンバーがいることが問題でした。

새 단어 交流 교류　バーベキュー大会 바비큐 대회　新年会 신년회　企画する 기획하다　軍隊 군대
共同生活 공동생활　規律 규율　頼る 의지하다　報告する 보고하다　指導 지도　やる気 할 마음
引き出す 꺼내다　決定する 결정하다　運営する 운영하다　会費 회비　払う 지불하다

기업의 비전과 자신의 커리어 플랜

회사에 입사하여 10년 후, 20년 후의 일하는 모습을 생각할 때, 기업의 장래 전망도 잊어서는 안 됩니다. 사회의 변화에 따라서 기업들의 변화 과정 및 기업 안에서 자신의 역할 또한 생각해 둘 필요가 있습니다. 희망하는 기업의 장래성과 함께 자신의 커리어 업을 계획해 봅시다. 또한, 커리어 업을 위해 필요한 능력과 자격에는 어떠한 것들이 있는지 생각해 봅시다.

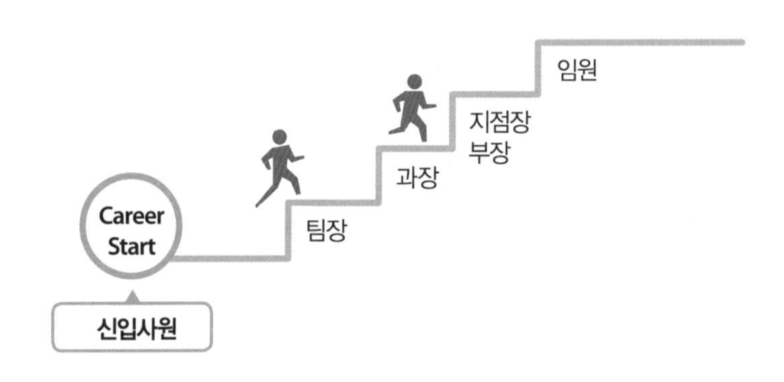

생각해 봅시다.

다음 질문에 대한 생각을 표 안에 작성해 보세요.

- **今後(こんご)２０年(ねん)の間(あいだ)、あなたはどのようにキャリアアップしていきたいですか。**

  향후 20년 동안, 당신은 어떻게 커리어 업(Career Up)을 해나가고 싶습니까?

- **職位(しょくい)が上(あ)がった時(とき)に、どのような能力(のうりょく)や資格(しかく)が必要(ひつよう)だと思(おも)いますか。**

  직위가 올랐을 때, 어떠한 능력이나 자격이 필요하다고 생각합니까?

- **今後(こんご)２０年の間(あいだ)に、業界(ぎょうかい)はどのように変化(へんか)していくと思(おも)いますか。**

  향후 20년 동안, 업계는 어떻게 변화해 갈 것이라고 생각합니까?

	① キャリアプラン（職位・給料） 커리어 플랜(직위·급여)	② 必要な能力や資格 필요한 능력이나 자격	③ 業界の将来の予測 업계의 장래 예측
5年後 5년 후	예 月給300万ウォン 월급 300만 원	예 完璧な実務能力、ビジネスマナー 완벽한 실무 능력, 비즈니스 매너	예 日本では販売が減少するが、東南アジアで増加する。일본 판매는 감소하나 동남아시아에서는 증가한다
10年後 10년 후	예 月給400万ウォン、チーム長 월급 400만 원, 팀장	예 部下の手本となる接客能力と指導に必要なリーダーシップ 부하 직원의 모범이 되는 고객 응대 능력과 지도에 필요한 리더십	예 完全な自動運転が可能になる。電気自動車が一般的になる。 완전한 자동 운전이 가능해진다. 전기 자동차가 대중화된다.
20年後 20년 후	예 月給500万ウォン、課長 월급 500만 원, 과장	예 チームをまとめる能力、経営に関する知識 팀을 통솔하는 능력, 경영에 관한 지식	예 車を所有するのではなく共有するのが一般的になる。차를 소유하는 것이 아니라 공유하는 개념이 일반화된다.

패턴 문형 익히기

1. １０年後、どの部署でどんな仕事をしていたいですか。

10년 후, 어느 부서에서 어떤 일을 하고 싶습니까?

① 私は１０年後はプロジェクトリーダーとして世界で活躍したいです。

저는 10년 후에는 프로젝트 리더로서 세계에서 활약하고 싶습니다.

② １０年後は人事部で外国人社員の採用と研修をしていたいと思っています。

10년 후에는 인사부에서 외국인 사원의 채용과 연수 업무를 하고 있기를 희망합니다.

③ １０年後、新規事業担当としてプロジェクトの進行に力を注ぎたいです。

10년 후, 신규 사업담당자로서 프로젝트 진행에 주력하고 싶습니다.

패턴

① 私は１０年後は～たいです。 저는 10년 후에는 ~하고 싶습니다.

② １０年後は～で～をしていたいと思っています。
10년 후에는 ~에서 ~을 하고 있기를 희망합니다.

③ １０年後、～として～に力を注ぎたいです。
10년 후, ~로서 ~에 주력하고 싶습니다.

• 자신의 답변을 만들어 보세요.

2. 10年後の目標のために、入社後5年間でどんな経験を積みたいですか。また、そのためにどんな努力をしますか。

10년 후의 목표를 위해서, 입사 후 5년간 어떤 경험을 쌓고 싶습니까? 또, 그 목표를 위해 어떤 노력을 할 것입니까?

① そのために、まずは企画や予算管理、品質管理など、さまざまな業務に積極的に取り組んでいきたいと思います。그러기 위해서, 우선은 기획이나 예산관리, 품질관리 등 다양한 업무에 매진해 나가고 싶습니다.

② そのために、入社後は日本の企業文化を理解し、チームのメンバーとコミュニケーションをとりながらいい仕事ができるように努力します。그러기 위해서, 입사 후에는 일본의 기업문화를 이해하고, 팀원들과 커뮤니케이션을 하며 좋은 일을 할 수 있도록 노력하겠습니다.

패턴

① **そのために、まずは～ていきたいと思います。**
그러기 위해서, 우선은 ~해 나가고 싶습니다.

② **そのために、入社後は～ように努力します。**
그러기 위해서, 입사 후에는 ~하도록 노력하겠습니다.

• 자신의 답변을 만들어 보세요.

3. １０年後の目標のために、入社６年から入社１０年の間にどんな経験を積みたいですか。また、そのためにどんな努力をしますか。

10년 후의 목표를 위해서, 입사 6년부터 입사 10년 동안 어떤 경험을 쌓고 싶습니까? 또, 그 목표를 위해서 어떤 노력을 할 것입니까?

① その後、入社１０年目までにはチームの中心メンバーとして能力を発揮し、信頼を得たいです。그 후, 입사 10년 차까지는 팀의 중심 멤버로서 능력을 발휘하여, 신뢰를 얻고 싶습니다.

② その後、入社１０年目までに外国人社員の採用や管理の責任者となり、有能な企業に貢献できる人材を育てるように努力します。그 후, 입사 10년 차까지 외국인 직원의 채용과 관리의 책임자가 되어, 유능한 기업에 공헌할 수 있는 인재를 양성하도록 노력하겠습니다.

패턴

① その後、入社１０年目までには～たいです。그 후, 입사 10년 차까지는 ~하고 싶습니다.

② その後、入社１０年目までに～ように努力します。
그 후, 입사 10년 차까지 ~하도록 노력하겠습니다.

• 자신의 답변을 만들어 보세요.

4. 10年後の目標を達成するために現在行っていることはありますか。また、内定後に行おうとしていることは何ですか。

10년 후의 목표를 달성하기 위해서 현재 어떤 준비를 하고 있습니까? 또, 내정 후 준비하고자 하는 것은 무엇입니까?

① そのために、現在はグループ活動のリーダーを積極的に引き受け、グループをまとめる力をつけることに励んでいます。그러기 위해서, 현재는 그룹 활동의 리더 역할을 적극적으로 받아들여, 그룹을 통합할 힘을 기르는 일에 힘쓰고 있습니다.

② そのためには、外国人の仕事に対する考え方を知る必要があるので、入社するまでにさまざまな外国人にインタビューするつもりです。그러기 위해서는, 외국인의 일에 대한 가치관을 알 필요가 있기 때문에, 입사하기 전까지 다양한 외국인과 인터뷰할 계획입니다.

패턴

① **そのために、現在は〜に励んでいます。** 그러기 위해서, 현재는 ~에 힘쓰고 있습니다.

② **そのためには、〜ので、入社するまでに〜つもりです。**
그러기 위해서는, ~ 때문에, 입사하기 전까지 ~할 계획입니다.

• 자신의 답변을 만들어 보세요.

정리하기

- 10년 후, 당사에서 어떤 일을 하고 있기를 바랍니까?

평가 리스트

5 : 매우 좋다　4 : 좋다　3 : 보통　2 : 좀 더 노력하자　1 : 노력이 필요

	체크 항목	평가
1	불필요한 것을 쓰지 않았는지	5 4 3 2 1
2	구체적으로 썼는지	5 4 3 2 1
3	기업에 어필하는 내용이 적절한지	5 4 3 2 1
4	인포멀한 단어를 쓰지 않았는지	5 4 3 2 1
5	정중체 또는 보통체로 통일되어 있는지	5 4 3 2 1
6	한자의 변환이 바른지 (동음이의어에 주의할 것)	5 4 3 2 1

※ 엔트리시트를 다운로드할 수 있는 사이트

1. Unistyle

일류기업에서 벤처기업까지 내정(합격통지서)받은 엔트리시트를 무료로 다운로드할 수 있습니다. 1만 7천 통이 넘는 엔트리시트가 수록되어 있으며, '기업 연구, 동종업계 타사 비교, 업계별 지망 동기 작성법'까지 상세하게 쓰인 기사를 회원가입 후 무료로 읽을 수 있습니다.

2. One Career(ワンキャリア)

5만 건이 넘는 합격 엔트리시트의 취업 체험담이 게재되어 있습니다. 일본 기업을 비롯하여 외국자본계 기업 관련 정보도 다수 갖추어져 있습니다. 엔트리시트뿐만 아니라, 인턴십이나 전형, Web 테스트 등의 정보도 찾아볼 수 있고, 월간 60만 명의 취업 준비생들이 이용하고 있습니다.

3. 就活(しゅうかつ)ノート(취업 활동 노트)

통과된 엔트리시트를 비롯하여 1천 개 이상의 기업에 대해 현실적이고 상세한 전형 정보와 체험담이 수록되어 있습니다.

4. Career Park(キャリアパーク)

글로벌기업과 일본 기업에서 내정 받은 100여 개의 엔트리시트를 무료로 다운로드할 수 있습니다. 그 외에 자기 PR과 지망 동기 작성법 등 도움이 되는 다수의 자료를 무료로 제공하고 있습니다.

❶ 이력서 견본

❷ 실전 이력서 쓰기

Chapter

2

이력서 쓰기

1. 이력서 견본

履歴書(りれきしょ)

❶ 2019年(ねん) 10月(がつ) 31日(にち) 現在(げんざい)

ふりがな	❸ きむ すんり	英語表記(えいごひょうき)	❺ Kim Seungri	❷ 
氏名(しめい)	❹ 金 勝利			
生年月日(せいねんがっぴ)	❻ 1995年(ねん) 5月(がつ) 7日(にち) (満(まん) 25歳(さい))			
ふりがな	そうるし くろく でぃじたるろ がぎる			
住所(じゅうしょ)	❼ 〒 08393 Seoul市 九老区 Digital路 32-gagil 16			
e-mail	seungri@eckedu.com	連絡先(れんらくさき)	010-1234-5678	

年(ねん)	月(つき)	❽ 学歴(がくれき)・職歴(しょくれき)
		❾ <学歴(がくれき)>
2000	2	ECK中学校(ちゅうがっこう) 卒業(そつぎょう)
2000	3	ECK高等学校(こうとうがっこう) 入学(にゅうがく)
2013	2	ECK高等学校(こうとうがっこう) 卒業(そつぎょう)
2013	3	ECK大学(だいがく) 人文学部(じんぶんがくぶ) 日本語学科(にほんごがっか) 入学(にゅうがく)
2020	2	ECK大学(だいがく) 人文学部(じんぶんがくぶ) 日本語学科(にほんごがっか) 卒業見込み(そつぎょうみこみ)
		❿ <兵役(へいえき)>
2015	3	陸軍入隊(りくぐんにゅうたい)
2017	1	陸軍除隊(りくぐんじょたい)
		⓫ <職歴(しょくれき)>
		なし
		以上(いじょう)

年(ねん)	月(つき)	⓬ 資格(しかく)・免許(めんきょ)
2013	3	自動車運転免許二種普通取得(じどうしゃうんてんめんきょにしゅふつうしゅとく)
2018	6	TOEIC スコア 800点取得(てんしゅとく)
2019	1	日本語能力試験(にほんごのうりょくしけん) N1 取得(しゅとく)
		以上(いじょう)

❶ 日付(ひづけ) 날짜

메일로 이력서를 보내는 날을 쓴다.

❷ 写真(しゃしん) 사진

이력서 양식의 사이즈(세로 4cm, 가로 3cm)로 사진관에서 사진을 찍어 둔다. 사진을 찍을 때는 정장을 착용한다. 남성은 넥타이를 매야 하며, 앞머리가 눈을 가리지 않도록 주의한다.

❸ ふりがな 한자 읽는 법

이력서에 「ふりがな」라고 쓰여 있으면 히라가나로 쓰고, 「フリガナ」라고 되어 있으면 가타카나로 쓴다.

❹ 氏名(しめい) 성명

한자로 쓴다. 한자 이름이 없는 경우는 가타카나로 쓴다.

❺ 英語表記(えいごひょうき) 영어 표기

여권과 같은 표기로 쓴다.

❻ 生年月日(せいねんがっぴ) 생년월일

메일로 이력서를 보냈을 때의 만 나이를 쓴다.

❼ 住所(じゅうしょ) 주소

〒 표시 옆에 우편번호를 쓴다. 주소는 한자로 쓰고, 한자가 없는 경우는 영어로 쓴다. 숫자나 영어 위에는 히라가나를 달지 않는다.

❽ 学歴(がくれき)・職歴(しょくれき) 학력·직업 경력

학력과 직업 경력은 분류해서 쓴다.

❾ 学歴(がくれき) 학력

[見込(みこ)み : 예정, 전망]

첫째 줄에 「学歴(がくれき)」이라고 쓴다. 둘째 줄부터 학력이 오래된 순서로 쓴다. 중학교 졸업 또는 고교 입학부터 쓰는 것이 일반적이다. 고등학교는 「高校(こうこう)」로 줄여서 쓰지 않고 「高等学校(こうとうがっこう)」라고 쓴다. 또, 같은 해에 대학을 졸업할 예정인 경우에는 「卒業見込(そつぎょうみこ)み(졸업 예정)」이라고 쓴다.

❿ 兵役(へいえき) 병역

[入隊(にゅうたい) : 입대, 除隊(じょたい) : 제대]

병역으로 대학을 휴학한 경우에는 병역에 대해서도 쓴다. 군대에 가지 않은 경우에는 쓰지 않아도 된다.

⓫ 職歴(しょくれき) 직업 경력

시간순으로 오래된 순서대로 쓴다. 기본적으로는 정규직으로 일한 경험만을 쓴다. 아르바이트 경력은 쓰지 않지만, 관련 있는 일로 인턴십을 한 경험이 있다면 직업 경력란에 쓴다. 직업 경력의 마지막에 「以上(いじょう)(이상)」이라고 쓴다.

⓬ 資格(しかく)・免許(めんきょ) 자격증·면허증

[免許(めんきょ) : 면허, 取得(しゅとく) : 취득]

자격은 정식 명칭으로 쓴다. (㉠ JLPT → 日本語能力試験(にほんごのうりょくしけん))

TOEIC 점수는 600점 이하일 때는 쓰지 않는 것이 좋다.

2. 실전 이력서 쓰기

履歴書(りれきしょ)

年(ねん)　月(がつ)　日(にち)現在(げんざい)

ふりがな		英語表記(えいごひょうき)		
氏名(しめい)				
生年月日(せいねんがっぴ)				
ふりがな				
住所(じゅうしょ)				
e-mail		連絡先(れんらくさき)		

年(ねん)	月(つき)	学歴(がくれき)・職歴(しょくれき)

年(ねん)	月(つき)	資格(しかく)・免許(めんきょ)

1. 비즈니스 메일에서 자주 사용하는 표현
2. 메일로 엔트리시트 및 이력서 보내기
3. 면접 연락에 대한 메일 답신

Chapter

3

이메일로 자기소개서 및 이력서 보내기

1. 비즈니스 메일에서 자주 사용하는 표현

엔트리시트가 통과되면, 기업의 관계자와는 메일로 연락을 취하게 됩니다. 비즈니스 메일은 일정한 형식의 문장들이 주로 사용되므로, 주요 문장들을 미리 익혀 둡시다.

件名(けんめい) 메일 제목	～の申(もう)し込(こ)み : ~에 관한 신청 ～の問(と)い合(あ)わせ : ~에 관한 문의 ～の送付(そうふ) : ~에 관한 송부 ～のお礼(れい) : ~에 관한 인사 ～の件(けん) : ~에 관한 건 ～について : ~에 대해서
始(はじ)めの挨拶(あいさつ) 첫인사	(알고 있는 관계자인 경우) お世話(せわ)になっております。늘 신세 지고 있습니다. 先日(せんじつ)は～ていただき、ありがとうございました。 일전에 ~해 주셔서, 감사합니다. (초면의 관계자인 경우) 初(はじ)めてご連絡(れんらく)いたします。처음으로 연락드립니다. 突然(とつぜん)のメールで失礼(しつれい)いたします。갑자기 이렇게 메일로 실례합니다.
返信(へんしん)する場合(ばあい)の挨拶(あいさつ) 답신인 경우의 인사	ご連絡(れんらく)をいただき、ありがとうございました。 연락해 주셔서 감사드립니다. お返事(へんじ)が遅(おそ)くなり、申(もう)し訳(わけ)ありません。 답신이 늦어져서, 죄송합니다.
依頼(いらい) 의뢰	恐(おそ)れ入(い)りますが、죄송합니다만, お手数(てすう)ですが、번거로우시겠지만, お忙(いそが)しいところ申(もう)し訳(わけ)ありませんが、바쁘신 중에 죄송합니다만, ～ていただくことは可能(かのう)でしょうか。~해 주실 수 있으신지요? ～ていただければ幸(さいわ)いです。~해 주시면 감사하겠습니다.
終(お)わりの挨拶(あいさつ) 마치는 인사	どうぞよろしくお願(ねが)いいたします。부디 잘 부탁드립니다. それではよろしくお願(ねが)いいたします。그러면 잘 부탁드립니다.

TIP 메일을 기업에 보낼 경우, 겸양어를 사용해서 표현하면 보다 공손한 문장으로 작성할 수 있습니다. 아래의 표는 메일을 주고받을 때 자주 사용되는 겸양어입니다.

일반어	겸양어
します 합니다	いたします / させていただきます
もらいます 받습니다	いただきます
～と言(い)います ～라고 합니다	～と申(もう)します
～ています ～하고 있습니다	～ております
訪問(ほうもん)します 방문합니다	伺(うかが)います / お伺(うかが)いします
聞(き)きます 듣습니다	伺(うかが)います

2. 메일로 엔트리시트 및 이력서 보내기

From : seungri@eckedu.com

To : info@tokyotrade.com

件名 : ❶ エントリーシート送付（ECK大学 金勝利）

添付ファイル

❷ エントリーシート(金勝利).pdf

❸ 株式会社 東京トレード
人事部 田中様

❹ 初めてご連絡いたします。
ECK大学人文学部日本語学科４年生の金勝利と申します。

２０２０年の採用試験に応募させていただきます。
エントリーシートを添付いたしましたので、
ご確認よろしくお願いいたします。

---

❺ ECK大学 人文学部日本語学科４年
金勝利

TEL: ０１０-１２３４-５６７８

seungri@eckedu.com

From : seungri@eckedu.com

To : info@tokyotrade.com

제목 : ❶ 엔트리시트 송부 (ECK 대학교 김승리)

첨부파일

❷ 엔트리시트(김승리).pdf

❸ 주식회사 도쿄트레이드

인사부 다나카 님

❹ 처음으로 연락을 드립니다.

ECK 대학교 인문대학 일본어학과 4학년 김승리라고 합니다.

2020년 채용 고시에 응모합니다.

엔트리시트를 첨부해 드리오니,

확인을 부탁드리겠습니다.

---

❺ ECK 대학교 인문대학 일본어학과 4학년

김승리

TEL: 010-1234-5678

seungri@eckedu.com

---

❶ 件名(けんめい) 제목

이력서를 보내는 경우는 「履歴書送付(りれきしょそうふ)(이력서 송부)」라고 쓴다. 메일 제목에 대학교 명과 이름도 넣는다.

❷ 添付(てんぷ)ファイル 첨부파일

이력서의 파일 형식이 자유인 경우는 Word 파일로 작성해서 보낸다. 아래한글과 같이 다른 소프트웨어로 작성할 경우에는 PDF 파일로 변환해서 보낸다.

❸ 宛名(あてな) 수신인 명

회사명은 '(株(かぶ)), (주)'와 같이 생략하지 않고 정식 명칭을 쓴다. 또한, 채용 담당자의 이름을 모르는 경우에는 「採用(さいよう)ご担当者様(たんとうしゃさま)(채용 담당자 님)」이라고 쓴다.

❹ 本文(ほんぶん) 본문

간결하게 용건을 쓴다.

본문은 인사말부터 시작한다. 안면이 없는 경우에는 「初(はじ)めてご連絡(れんらく)いたします。(처음으로 연락드립니다.)」라고 쓰고, 회사 설명회와 같은 곳에서 뵌 적이 있는 경우에는 「お世話(せわ)になっております。(신세지고 있습니다)」라고 쓰는 것이 일반적이다.

❺ 署名(しょめい) 서명

본문의 마지막에 서명을 한다. 서명은 이름과 이름의 발음, 소속, 전화번호, 메일 주소를 기입하면 된다. 서명의 전후는 괘선「 ---------- 」으로 구분한다.

● (주)도쿄트레이드에 메일로 이력서를 보내 보세요.

From:

To :

件名(けんめい) :

添付(てんぷ)ファイル

3. 면접 연락에 대한 메일 답신

From : info@yokohamacorp.com

To : m_kim@konkuk.ac.kr

件名 : ❶ Re : 面接日のご連絡

---

❷ 株式会社 東京トレード
人事部 田中様

❸ お世話になっております。
面接日程のご連絡ありがとうございました。
ご連絡いただきました下記の日時にお伺いします。

6月1日(土) : 15時

お忙しいところ、貴重なお時間をいただき、ありがとうございます。
当日はどうぞよろしくお願いいたします。

---

❹ ECK大学 人文学部日本語学科4年
金勝利

TEL: 010-1234-5678

seungri@eckedu.com

From : info@yokohamacorp.com

To : m_kim@konkuk.ac.kr

제목 : ❶ Re : 면접일 연락

❷ 주식회사 도쿄트레이드

인사부 다나카 님

❸ 신세지고 있습니다. (배려해 주셔서 감사합니다.)

면접 일정에 관한 연락에 감사드립니다.

연락해 주신 아래의 일시에 찾아뵙겠습니다.

6월 1일 (토) : 15시

바쁘신 와중에, 귀중한 시간을 내주셔서 감사합니다.

당일 아무쪼록 잘 부탁드립니다.

---

❹ ECK 대학교 인문대학 일본어학과 4학년

김승리

TEL: 010-1234-5678

seungri@eckedu.com

---

❶ 件名(けんめい) 제목

답신 메일임을 바로 알 수 있도록, 메일 제목을 바꾸지 않으며, 「Re:」를 지우지 않는다.

❷ 宛名(あてな) 수신인 명

회신인 경우도 수신인은 정확히 쓴다.

❸ 本文(ほんぶん) 본문

담당자가 보낸 본문의 내용은 지우지 않으며, 그 위에 답변을 기입한다.
「お世話(せわ)になっております。(신세 지고 있습니다.)」라는 문구는 비즈니스 레터에서 일반적으로 사용되는 인사말이므로, 본문 시작 전에 첫 인사말로 시작한다.
지정된 면접 일시를 재차 명기한다.

❹ 署名(しょめい) 서명

답장 메일에도 서명을 한다.

● (주)도쿄트레이드로부터 면접 연락에 대한 메일이 왔습니다.

From : info@tokyotrade.com

To : seungri@eckedu.com

件名 : 面接日のご連絡

金勝利様

東京トレードの田中と申します。
このたびは弊社の面接にご応募いただき、ありがとうございます。
下記の通り、面接日が決まりましたので、ご連絡します。

日時：7月1日 15:00
場所：弊社2階 会議室

ご都合の悪い場合はご連絡ください。
どうぞよろしくお願いします。

株式会社東京トレード
人事部 田中美奈

TEL: 03-4444-5555

info@tokyotrade.com

From : info@yokohamacorp.com

To : m_kim@konkuk.ac.kr

제목 : 면접일 연락

김승리 님

도쿄트레이드의 다나카라고 합니다.

이번에 저희 회사의 면접에 응모해주셔서, 감사합니다.

아래와 같이, 면접일이 정해져서, 연락을 드립니다.

일시 : 7월 1일 15:00

장소 : 당사 2층 회의실

참석이 어려울 경우는 연락 주십시오.

아무쪼록 잘 부탁드립니다.

주식회사 도쿄트레이드

인사부 다나카 미나

TEL: 03-444-5555

info@tokyotrade.com

● 223페이지의 메일에 대한 답신을 보내 보세요.

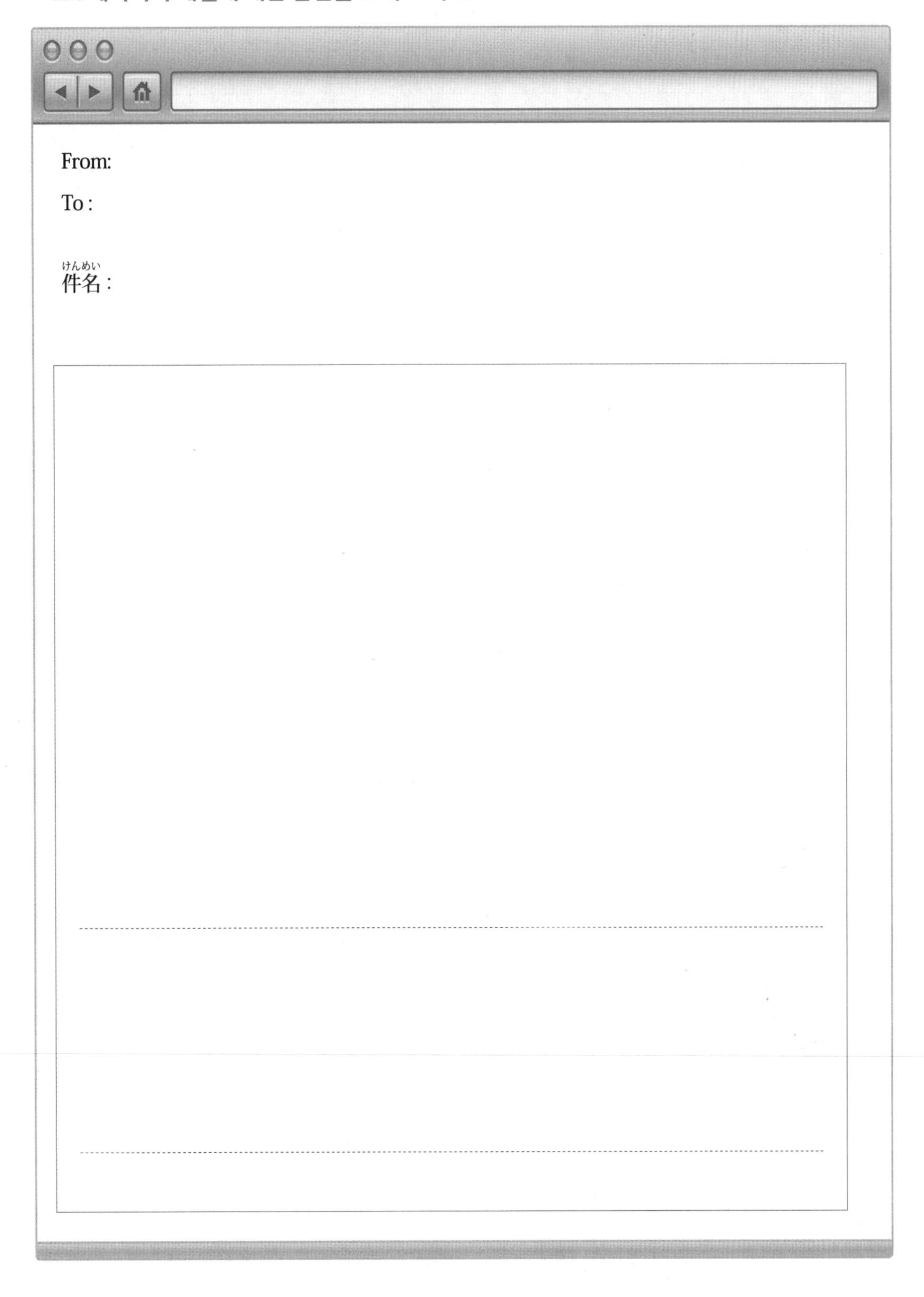

/ 부록 /

1. 취업 정보사이트 – 한국
2. 취업 정보사이트 – 일본

한·일
취업 정보사이트

1. 취업 정보사이트 - 한국

대한무역투자진흥공사 일본지역본부	http://kotra.or.jp
Kotra가 운영하는 카페	http://cafe.naver.com/kotrajobinfo
Kotra 동경 무역관이 운영하는 카페	http://cafe.naver.com/kotratokyo

- 일본 각 지역별 구인 공고를 비롯한 취업박람회, 채용면접회 등 다양한 정보가 한글로 실시간 업데이트됨.
- 엔트리시트 첨삭, 이력서 작성, 면접 후기 등 취업 활동에 관련된 게시물과 회원들의 활동으로 현지 입사 선배로부터 직접적인 조언을 받을 수 있음.
- 획일화(직종별로 분류되어 있지 않음) 된 채용공지로 각 기업에 따른 디테일한 정보가 부족함.
- IT와 이공계열(기술직) 정보가 주를 이루어 인문사회계열 직종의 구인정보는 다양하지 않음.

한국무역협회 동경지부와 주일 한국 기업연합회가 제공하는 사이트	http://jobjapan.jobtogether.net

- 일본 현지에서 한국 기업 및 한국과 관련된 기업의 취업 정보가 많음.
- 외국인이 취득할 수 있는 취업에 도움이 되는 자격증에 관한 정보를 제공함.
- 대부분의 취업 공고가 대도시(도쿄와 오사카)에 집중됨.

한국산업인력공단의 해외 통합 정보망	https://worldjob.or.kr

- 취업에 관련된 정보와 함께 상담도 가능함.
- 교정 전문 컨설턴트가 영문과 일문 이력서의 첨삭 서비스를 제공함. (회원가입 필요)
- 알선 취업자 수와 연수 취업자 수가 실시간으로 업데이트됨.
- 여러 나라의 취업 정보가 업데이트되기 때문에 Kotra 사이트에 비해 정보력이 부족함.

퍼솔 코리아 https://www.persolkr.com

- 한국 내 일본계 기업과 일본 현지 기업의 취업 정보를 함께 다루고 있음. 동시 비교가 가능함.

글로벌터치코리아 http://www.global-touch.co.kr

- 중소기업의 채용정보가 많으며, 취업 세미나 외에 취업상담회도 수시로 진행함.

제이브레인 https://jbrain.co.kr

- 국내 일본계 기업, 일본어 우대 기업, 일본어 사무직 파견 등으로 채용공고가 분류되어 있으며 국내 일본계 기업의 채용공고가 많음. IT 업종의 경력직 일본 기업 합동 면접회 같은 차별화된 정보를 제공함.
- 일본 현지 근무지보다 국내(주로 서울) 근무지가 많음.

2. 취업 정보사이트 - 일본

マイナビ https://job.mynavi.jp

- 업종별, 기업별로 검색이 가능함.
- 채용정보(기업, 업종, 어학 수준, 본사 소재지, 업무내용, 고용조건 등)가 상세함.
- 휴대폰 애플리케이션을 제공함.

マイナビ国際派就職 http://global.mynavi.jp

- マイナビ(마이나비)의 글로벌 버전. 정보를 영어와 일본어로 제공함.
- 경력직 구인정보와 상시 모집이 많으며, 대부분 기술직 구인정보임.

リクナビ https://job.rikunabi.com

- マイナビ와 같이 일본 대부분의 회사가 등록되어 있는 취업사이트임.
- 졸업예정 시기에 맞춰 구직하는 회사를 확인할 수 있으며, 대학교 3학년 또는 대학원 1학년 때부터 취업 계획을 세울 수 있음.

リクナビ NEXT https://next.rikunabi.com

- 전직에 관한 취업 정보가 중심을 이루고 있으므로 경력직 구인정보에 도움이 됨.

はたらいく https://www.hatalike.jp

- 근무를 원하는 지역과 업종으로 검색이 가능함.
- 키워드 및 개인적 요구 조건(こだわり条件から探す)으로도 검색이 가능함.
- 무료회원가입으로 동시에 라이크 서비스(Like Service : 회사가 지원자의 이력서를 본 후 지원자에게 개별적으로 연락해서 입사 과정을 안내하는 서비스)를 제공함.

Rakuten みん就(しゅう) https://www.nikki.ne.jp

- 직종별로 검색과 함께 企業口コミ(きぎょうくち)(입소문 정보)로도 검색이 가능함.
- 취업 준비생들의 면접 후기 또는 지원 동기 공유가 가능함.
- 회원가입이 번거로움.

openwork http://www.vorkers.com

- 자신의 기업에 대한 직접 평가로 기업의 대우, 만족도, 기업가치, 사내 문화, 인사, 평가 등에 대한 정보 확인이 가능함.
- 일부 직원들의 주관적 평가라는 점에서 정확도가 낮음.

キャリタス就活(しゅうかつ) https://job.career-tasu.jp/2020/top/

- 인턴십 지원부터 우량 벤처기업, 중소기업, 대기업 등 폭넓은 정보 검색이 가능함.
- 자기 분석 툴을 제공하며, 직종과 기업 연구에 대한 자료가 비교적 충실함.
- 모바일 애플리케이션을 제공함.

NIPPON 仕事(しごと).com https://nipponshigoto.com

- 원하는 근무 지역, 업종, 고용형태, 일본어 실력 등으로 검색이 가능함.
- 한국어, 영어, 일본어를 제공함.
- 한국어 번역이 기계번역이므로 정확도가 낮음.

2

모범답안과 연습문제 정답

正答

Part 3

❶ 어휘의 TPO

1.

サークルの練習や合宿などの活動を成功させるため、人を数多く集める必要がありました。동아리 연습과 합숙 등의 활동을 성공시키기 위해, 인원을 많이 모을 필요가 있었습니다.

2.

試合には勝てませんでしたが、このような経験をしたことで忍耐力を付けることができました。시합은 이길 수 없었습니다만, 이런 경험을 함으로써 인내심을 기를 수 있었습니다.

3.

お客様から感謝の言葉をもらうようになり、次第にやりがいを感じるようになりました。손님으로부터 감사의 말을 듣게 되어, 점점 보람을 느끼게 되었습니다.

4.

アルバイトをしていたコンビニは駅前の便利な場所にあり、非常に多くのお客さんがいらっしゃっていました。아르바이트를 했던 편의점은 역 앞의 편리한 장소에 있어서, 매우 많은 손님이 계셨습니다.

5.

いろいろな/様々なアルバイトを経験したことで、さらに/より柔軟で広い価値観を身につけることができました。여러 가지/다양한 아르바이트를 경험함으로써, 더욱/보다 유연하고 넓은 가치관을 습득할 수 있었습니다.

6.

今までのように受け身ではいけないと思い、どのようなことも自分から声をかけて動くようにしました。지금까지처럼 수동적이면 안 된다고 생각해서, 어떠한 일도 제 자신부터 상대에게 말을 걸고 행동하도록 했습니다.

7.

私は失敗をすることより、失敗を繰り返さないことが重要だと考えます。失敗した時には、どうして/なぜ失敗したのか原因を徹底的に調べます。저는 실패하는 것보다, 실패를 되풀이하지 않는 것이 중요하다고 생각합니다. 실패했을 때에는, 어째서/왜 실패했는지 원인을 철저히 알아봅니다.

❷ 문말 표현의 TPO

1.

お客さんが少なく、売り上げも良くありませんでした。손님이 적고, 매출도 좋지 않았습니다.

2.

私はもともと人と話すのが得意ではありませんでした。저는 원래 다른 사람과 이야기하는 것을 잘 하지 못했습니다.

3.

小説家になるのが夢でした。今までさまざまなジャンルの小説を読んできました。

소설가가 되는 것이 꿈이었습니다. 지금까지 여러 장르의 소설을 읽어 왔습니다.

4.

試合では、チームのために貢献することができませんでした。시합에서는, 팀을 위하여 공헌할 수 없었습니다.

5.

ここ数年、中国や東南アジアでは韓国企業の活動が盛んです。최근 몇 년, 중국과 동남아시아에서는 한국 기업의 활동이 활발합니다.

6.

女性の社会参加が必要だと思います。それで、ぜひ営業の仕事をしてみたいです。

여성의 사회참여가 필요하다고 생각합니다. 그래서, 꼭 영업 일을 해보고 싶습니다.

7.

大学では経済を専攻していましたが、貴社に入るため、副専攻として日本語を始めました。대학에서는 경제를 전공하고 있었습니다만, 귀사에 입사하기 위해서, 부전공으로 일본어를 시작했습니다.

❸ 문장의 연결

1.

貴社は歴史が長く、素晴らしい会社だと思います。귀사는 역사가 길고, 훌륭한 회사라고 생각합니다.

2.

貴社の製品は韓国でも売り上げ１位を記録し、多くの人に愛されています。

귀사의 제품은 한국에서도 매출 1위를 기록하고, 많은 사람들에게 사랑받고 있습니다.

3.

貴社は海外にも展開しており、世界の発展に貢献しています。귀사는 해외에도 진출해 성장 중이며, 세계의 발전에 공헌하고 있습니다.

4.

人が集まらず、始めることができませんでした。사람이 모이지 않아서, 시작할 수 없었습니다.

正答

5.

この1年で、日本語力だけではなく、人間としても大きく成長できました。

최근 1년 동안, 일본어 능력뿐만 아니라, 인간으로서도 크게 성장할 수 있었습니다.

6.

日本語がなかなか上達せず、諦めそうになりました。 일본어 실력이 좀처럼 향상되지 않아서, 포기할 것 같았습니다.

7.

現状に満足せず、常に新しいことにチャレンジしていくつもりです。 현실에 만족하지 않고, 항상 새로운 일에 도전해 나갈 생각입니다.

❹ 글의 구성

● 문장 구성의 형식

Q. A-1. (두괄식)

A-2. (미괄실)

A-3. (쌍괄식)

● 엔트리시트의 문장 구성 패턴

1. ② → ④ → ① → ③ → ⑤ → ⑥

2. ⑤ → ① → ③ → ⑥ → ② → ④

❺ 접속사

1.

その結果、クレームを８件から１件に減らすことができました。(さらに/そして)、次の月にはサブリーダーに指名されました。

그 결과, 클레임을 8건에서 1건으로 줄일 수 있었습니다. (나아가/그리고) 다음 달에는 서브리더로 지명되었습니다.

2.

自分の授業の改善を行いました。(具体的には)、自分の授業をビデオに撮り、客観的に見直しました。 자신의 수업을 개선했습니다. (구체적으로) 자신의 수업을 비디오로 찍고, 객관적으로 재검토했습니다.

3.

私は心配症で間違いがないか繰り返し確認をします。(そのため)、作業が遅れてしまうことがあります。 저는 염려증으로 실수가 없는지 반복해서 확인을 합니다. (그 때문에) 작업이 지연돼 버릴 때가 있습니다.

4.

将来は海外で仕事をしたいと思いました。(そこで/そのため)、ＴＯＥＩＣ８００点を目標に英語を勉強することにしました。 장래 해외에서 일하고 싶다고 생각했습니다. (그래서/그 때문에) 토익 800점을 목표로 영어를 공부하기로 했습니다.

5.

アイデアコンテストで賞をもらえるのは3人だけなので、入賞するのは難しいと思いました。(しかし)、やる前から諦めたくないと思い、挑戦しました。아이디어 콘테스트에서 상을 받을 수 있는 것은 3명뿐이라서, 입상하기 어렵다고 생각했습니다. (그러나) 하기 전부터 포기하고 싶지 않다고 생각해서, 도전했습니다.

6.

正確さを重視して仕事を進めました。(なぜなら)、速さを重視してミスをすれば、さらに時間がかかるからです。정확성을 중시하여 일을 진행하였습니다. (왜냐하면) 속도를 중시하다 실수를 하면, 더 시간이 걸리기 때문입니다.

7.

日本の新聞記事で勉強し、ＪＬＰＴＮ１に合格しました。(そして)、日本のドラマを用いて聞き取りや会話の練習をし、日本語の能力を向上させました。일본의 신문기사로 공부하고, JLPT N1에 합격했습니다. (그리고) 일본 드라마를 이용하여 듣기와 회화 연습을 하여, 일본어 실력을 향상시켰습니다.

Part 4

❶ 당신의 장점을 알려 주세요.

연습문제

1.

(1) お客様の満足度を上げる(ために)、アンケート調査をしました。고객만족도를 높이기 위해, 설문조사를 했습니다.

(2) 売り上げが上がる(ように)、商品の配列を変えてみました。매출이 오르도록, 상품배열을 바꿔 보았습니다.

(3) 要点がすぐわかる(ように)、資料作りを工夫しました。요점이 바로 이해되도록, 자료 작성을 연구했습니다.

(4) 社会の(ために)自分ができることは何かを探し、貢献していきたいです。

사회를 위하여 제가 할 수 있는 것이 무엇인지를 찾아서, 공헌하고 싶습니다.

2.

〈보기〉

ⓐ 目標が達成できる 목표를 달성할 수 있다

ⓑ 夢を叶える 꿈을 이루다

ⓒ いい先生になる 좋은 선생님이 되다

ⓓ 日本語が上手になる 일본어를 잘하게 되다

ⓔ メンバーの役に立てる

멤버에게 도움이 될 수 있다

ⓕ サークルをもっとよくする

동아리를 더 좋게 하다

正答

(1) ⓑ ⓒ ⓕ ために、頑張っています。
(위하여, 노력하고 있습니다.)

(2) ⓐ ⓓ ⓔ ように、頑張っています。
(하(되)도록, 노력하고 있습니다.)

❷ 당신의 단점을 알려 주세요.

연습문제

1.

(1) 気づいたことはすぐにメモをする(ように/ことに)しました。알게 된 것은 바로 메모를 하도록/하기로 했습니다.

(2) 自信はありませんでしたが、コールセンターの仕事に挑戦する(ことに)しました。자신은 없었습니다만, 콜센터 업무에 도전하기로 했습니다.

(3) 短所を改善するため、人の意見を聞く(ように/ことに)しています。
단점을 개선하기 위해서, 다른 사람의 의견을 듣도록/듣기로 하고 있습니다.

(4) 日本へ行き、日本の文化を体験したいと思い、休学する(ことに)しました。
일본에 가서, 일본 문화를 체험하고 싶어서, 휴학하기로 했습니다.

(5) お客様の意見を把握するため、アンケート調査をする(ことに)しました。
고객님의 의견을 파악하기 위해서, 앙케트 조사를 하기로 했습니다.

2.

(1) 人に会ったときには、自分から声を(かける)ようにしています。사람을 만났을 때에는, 제가 먼저 말을 걸도록 하고 있습니다.

(2) 日本人とコミュニケーションが(とれる)ように、毎日日本のニュースを読んでいます。일본인과 커뮤니케이션을 할 수 있게, 매일 일본 뉴스를 읽고 있습니다.

(3) アルバイト先では、スタッフが気持ちよく(働ける)ように、進んで掃除をしています。아르바이트 근무처에서는, 스태프가 기분 좋게 일할 수 있도록, 자진해서 청소를 하고 있습니다.

(4) 効率よく動かなければならないため、優先順位を(考える)ようにしています。
효율적으로 움직이지 않으면 안 되기 때문에, 우선순위를 고려하도록 하고 있습니다.

❸ 자기를 PR해 주세요.

연습문제

1.

(1) 新しい知識を身につけることが楽しいと思える(ようになりました)。새로운 지식을 익히는 것이 즐겁다고 생각하게 되었습니다.

(2) 将来は出版業界で働きたいという夢を持つ(ようになりました)。장래는 출판업계에서 일하고 싶다는 꿈을 가지게 되었습니다.

(3) ソウル大会で優勝し、全国大会に出場する(ことになりました)。서울대회에서 우승하여, 전국 대회에 출전하게 되었습니다.

(4) その結果、メンバーが意欲的に練習に参加してくれる(ようになりました)。
그 결과, 멤버가 의욕적으로 연습에 참가하게 되었습니다.

2.

(1) 幼い頃から機械に興味があり、中学生の時には自分でパソコンが(組み立てられる)ようになりました。어릴 때부터 기계에 흥미가 있어서, 중학생 때는 스스로 컴퓨터를 조립할 수 있게 되었습니다.

(2) 私が制作しているラジオ番組に少しずつメールが(来る)ようになりました。
내가 제작하고 있는 라디오 프로그램에 조금씩 메일이 오게 되었습니다.

(3) 初めての仕事で慣れませんでしたが、2か月で先輩と同じように(処理できる)ようになりました。처음 하는 일이라서 익숙하지 않았습니다만, 2개월 만에 선배와 같은 수준으로 처리할 수 있게 되었습니다.

(4) 知らない人とでも緊張せずに(話せる)ようになりました。모르는 사람과도 긴장하지 않고 이야기할 수 있게 되었습니다.

❹ 학창 시절에 가장 열심히 한 것은 무엇입니까?

연습문제

1.

(1) 生活費を自分で(稼ごう)と考え、家庭教師のアルバイトを始めました。
생활비를 스스로 벌려고 생각해서, 가정교사 아르바이트를 시작했습니다.

(2) 中学生の時から関心があったWeb デザイナーを(目指そう)と考えました。
중학생 때부터 관심이 있었던 Web 라이터가 되려고 생각했습니다.

(3) 入りたいサークルがなかったため、自分で(立ち上げよう)と思いました。
들어가고 싶은 동아리가 없었기 때문에, 스스로 만들려고 생각했습니다.

(4) 自分の能力を(高めよう)と思い、挑戦することにしました。자신의 능력을 높이려고 생각해서, 도전하기로 했습니다.

2.

(1) 今後、初対面の人に会いに行く機会をさらに(増やす)つもりです。앞으로 처음 보는 사람을 만나러 갈 기회를 한층 더 늘릴 생각입니다.

(2) どんな仕事にも積極的に(取り組む)つもりです。어떤 일도 적극적으로 대처할 생각입니다.

(3) 可能な限り貴社で働き続け、韓国には(帰らない)つもりです。가능한 한 귀사에서 계속 일하고, 한국에는 돌아가지 않을 생각입니다.

(4) 専攻分野に対する情熱では誰にも(負けない)つもりです。전공분야에 대한 열정에서는 누구에게도 지지 않을 생각입니다.

⑤ 학창 시절에 도전한 것은 무엇입니까?

연습문제

1.

(1) 挑戦はするものの、長く続けることが困難でした。도전은 하지만, 꾸준히 계속하는 것이 힘들었습니다.

(2) 私は人見知りしないものの、大勢の前で発表するのが苦手でした。저는 낯가림은 하지 않지만, 많은 사람들 앞에서 발표하는 것이 몹시 서툴렀습니다.

(3) 当時はメンバーが少なかったものの、今は３０人に増えました。당시는 회원이 적었지만, 지금은 30명으로 늘었습니다.

(4) やってみたものの、うまくいきませんでした。해 봤지만, 잘되지 않았습니다.

2.

(1) 日本語学科に入学したにもかかわらず、日本語能力が思ったほど伸びませんでした。일본어학과에 입학했음에도 불구하고, 일본어 실력이 생각만큼 늘지 않았습니다.

(2) 日本語がまだ下手であるにもかかわらず、店長は私に接客を任せてくださいました。일본어가 아직 서툰데도 불구하고, 점장님은 저에게 접객을 맡겨 주셨습니다.

(3) リーダーシップがあるにもかかわらず、部長の役割を引き受けてくれませんでした。리더십이 있음에도 불구하고, 부장의 역할을 맡아 주지 않았습니다.

(4) 海外に支社がないにもかかわらず、海外での知名度が高いです。해외에 지사가 없음에도 불구하고, 해외에서의 인지도가 높습니다.

⑥ 지금까지 좌절한 경험이 있습니까?

연습문제

1.

(1) 苦手だった英語の科目で初めていい成績を取る(ことができました)。골칫거리였던 영어 과목에서 처음으로 좋은 성적을 얻을 수 있었습니다.

(2) 日本人の友達と会話練習を続け、日本語の会話に自信が持てる(ようになりました)。일본인 친구들과 회화 연습을 계속해서, 일본어 회화에 자신감을 가질 수 있게 되었습니다.

(3) 人から言われる前に行動できる(ようになりました)。누군가가 말하기 전에 행동할 수 있게 되었습니다.

(4) 3か月間一生懸命練習し、公演を成功させる(ことができました)。3개월간 열심히 연습해서, 공연을 성공시킬 수 있었습니다.

2.

(1) お客様に私の接客時の笑顔を褒めていただけました。손님께서 저의 접객 시의 웃는 얼굴을 칭찬해 주셨습니다.

(2) 多くのお客様から / に公演を見に来ていただけました。많은 손님이 공연을 보러 와 주셨습니다.

(3) サークルのメンバーから / に「あなたが部長でよかった」と言ってもらえました。

동아리 회원이 '네가 부장이라서 다행'이라고 말해 주었습니다.

(4) 料理を召し上がったお客様に満足していただけました。요리를 드신 손님이 만족해 주셨습니다.

7 주위 사람은 당신을 무엇이라고 부릅니까?

연습문제

1. (3), (4)

(1) ～ 위해서 [목적]

練習に集中するため、早朝の誰もいない時間に行って練習しました。연습에 집중하기 위해서, 이른 아침 아무도 없는 시간에 가서 연습했습니다.

(2) ～ 위해서 [목적]

公演を成功させるためには、多くの人の協力が必要でした。공연을 성공시키기 위해서는, 많은 사람들의 협력이 필요했습니다.

(3) ～ 때문에 [원인·근거·이유]

サークルには指導者がいなかったため、これ以上実力を上げるのに限界を感じていました。동아리에 지도자가 없었기 때문에, 더 이상의 실력을 올리는 것에 한계를 느끼고 있었습니다.

(4) ～ 때문에 [원인·근거·이유]

話し合う機会がなかったため、一方的に指示をするしかありませんでした。

서로 이야기할 기회가 없었기 때문에, 일방적으로 지시를 할 수밖에 없었습니다.

2.

(1) c

この仕事は業務も多く、忙しいことから、やりたがる人はいませんでした。

이 일은 업무도 많고, 바쁘다는 이유로, 하고 싶어 하는 사람은 없었습니다.

(2) b

時間があまり残っていなかったことから、無理だと言われました。시간이 그다지 남아 있지 않은 이유로, 무리라는 말을 들었습니다.

(3) d

やり方を改善したことにより、効率が上がりました。방식을 개선한 것으로 인하여, 효율이 높아졌습니다.

(4) a

様々な広告手段を使ったことにより、去年よりお客様の数が増えました。

다양한 광고 수단을 사용한 것으로 인하여, 작년보다 손님의 수가 늘었습니다.

⑧ 당신이 속한 그룹에서 당신의 역할은 무엇입니까?

연습문제

1.

貴社を志望した理由は以下の２つです。

귀사를 지망한 이유는 아래의 2가지입니다.

１つ目は貴社でなら私の専攻と語学力を生かすことができるからです。

첫 번째는 귀사에서라면 저의 전공과 어학실력을 살릴 수 있기 때문입니다.

２つ目は貴社の企業理念に共感したからです。두 번째는 귀사의 기업이념에 공감했기 때문입니다.

2.

クレームを言うお客様の対応をするとき、以下の２つを意識しました。

클레임을 말하는 고객을 응대할 때, 아래의 2가지를 의식했습니다.

第一に、感情的にならないことです。

첫째, 감정적으로 되지 않는 것입니다.

第二に、相手の話をよく聞くことです。

둘째, 상대의 이야기를 잘 듣는 것입니다.

⑨ 당사를 지원한 이유는 무엇입니까?

연습문제

1. (1), (3)

(1) ~로 인하여 / ~로써 [수단·방법]

SNSを利用することによって、多くの人を集めることができました。SNS를 이용함으로써, 많은 사람을 모을 수 있었습니다.

(2) ~에 따라서 [기준]

人によって考え方が異なるため、メンバーの意見を聞くことを大切にしました。

사람에 따라서 사고방식이 다르기 때문에, 회원의 의견을 듣는 것을 소중히 했습니다.

(3) ~로 인하여 / ~로써 [수단·방법]

朝早く起きることにより、勉強する時間を作り出しました。아침 일찍 일어남으로써, 공부할 시간을 만들어냈습니다.

(4) ~로 인하여 / ~때문에 [원인·이유]

メンバー同士が喧嘩したことにより、サークルの雰囲気が悪くなってしまいました。회원끼리 싸웠기 때문에, 동아리의 분위기가 나빠져 버렸습니다.

2.

(1) a

アンケート調査をすることで、お客様のニーズを把握しました。앙케트 조사를 함으로써, 손님의 요구를 파악했습니다.

(2) d

物事の見方を変えることで、感情をコントロールすることができます。

사물을 보는 관점을 바꿈으로써, 감정을 컨트롤할 수 있습니다.

(3) c

周囲の人と協力することにより、いい作品を作ることができました。

주위 사람과 협력함으로써, 좋은 작품을 만들 수 있었습니다.

(4) b

日韓交流の機会を作ることにより、日本との関係をよくしたいです。

한일교류의 기회를 만듦으로써, 일본과의 관계를 좋게 하고 싶습니다.

⑩ 10년 후, 당사에서 어떤 일을 하고 있기를 바랍니까?

연습문제

1.

(1) サークル内の交流(として)、バーベキュー大会や新年会を企画しました。

동아리 내의 교류로, 바비큐 대회나 신년회를 기획했습니다.

(2) スポーツ(を通して)、協調性や集中力を身につけました。

스포츠를 통해서, 협조성과 집중력을 배웠습니다.

(3) 軍隊での共同生活(を通して)、規律を守ることの重要性を学びました。

군대의 공동생활을 통해서, 규율을 지키는 것의 중요성을 배웠습니다.

(4) 私はよく相談相手(として)、頼られることが多いです。 저는 자주 상담 상대로, 의뢰받을 때가 많습니다.

2.

(1) 間違いがないか確認(した)上で、報告しました。 틀린 것이 없는지 확인한 뒤에, 보고했습니다.

(2) 小学生を指導(する)上で、子どものやる気を引き出すことが難しかったです。

초등학생을 지도하는 데 있어서, 어린이의 의지를 끌어내는 것이 어려웠습니다.

(3) メンバーの意見を参考に(した)上で、決定しました。 회원의 의견을 참고한 후에, 결정했습니다.

(4) サークルを運営(する)上で、会費を払わないメンバーがいることが問題でした。

동아리를 운영하는 데 있어서, 회비를 내지 않는 멤버가 있는 것이 문제였습니다.